ふらっとライフ

FLAT LIFE

ふらっと教育パートナーズ 編

それぞれの
「日常」から
みえる社会

北樹出版

はじめに

本書が生まれたところ

この本は、大阪府立大学工業高等専門学校(1)(以下、府大高専)の人権教育「ふらっと高専」の取り組みから生まれました。高等専門学校は、「高専」の名で親しまれ、NHKのロボコン(ロボットコンテスト)などで知られる五年制の学校です。通っている学生の年齢はおおむね十五〜二十歳ですが、入学した時から大学生と同じように「学生」と呼ばれ、卒業と同時に社会人として働き始める人もたくさんいます。高校と大学に行けば合計七年間で学ぶことを、高専では五年間で学ぶようなイメージなので、専門的な技術や知識、その基礎になる教養を身につけるだけでも大変です。

さまざまな出会い

しかし、中学校を卒業してから社会人になるまでの五年間を高専という小さな社会のなかで過ごし、いきなり実社会に出ると、これまで出会ったことがないような人や環境に接する機会が増えて、戸惑うことも少なくないのではないかと思います。

そういうわけで、府大高専の「ふらっと高専」では、まずいろんな人に出会ってもらうことを第一に考えました。そのいろんな人が集まってできたのが、この本です。執筆者(2)の多くは、「ふらっと高専」の時間に府大高専でお話をしてくださった方々で、コラムの大半は、府大高専の教員が書きました。学生にとって身近でよく知っている(はずの)先生たちにも、さまざまな経験や思いがあることを伝えたいと思ったからです。

人間関係の難しさ

人は誰でも、色々な経験をし、さまざまな気持ちや考えを抱きますが、それらをいちいちほかの人に話すわけではありません。特に自分にとって大事なことは、多くの場合、本当に信頼できる人にしか打ち明けられないのではないでしょうか。しかし、そういうときにもし、信頼していた人に自分の話が受け入れられず、「えっ、まじで……」という反応をされてしまったら、どんな気分になるでしょう。

このとき、打ち明けた側が非常に辛い思いをするのは想像しやすいかと思いますが、打ち明けられた側も、聴き慣れない話の内容に驚き、ネガティブな反応をしてしまった可能性があります。このように、思いを打ち明けたり受け入れたりすることは、そう簡単ではないのかもしれません。

執筆者と出会う

人と出会うこと、そしてお互いに自分の経験や気持ち、考えを表現することは、結構難しいことのようです。そこで本書では、その難しさを考えるきっかけとして、さまざまな背景をもった方のお話を聴いていきたいと思います。私たちは、各執筆者の話から、「ほんまにこういう人がいるんやな」とか、「大変やな」、「案外やっていけるもんなんやな」、「自分と似てるかも」など、さまざまな感想をもつでしょう。多様な人や事柄に、あらかじめ本や講演を通じて出会っておくことで、実際にそのような場面に直面した時にも、多少は落ち着いて受け止められるかもしれません。

とはいえ、理解しておいてほしいのは、各執筆者が、何らかのカテゴリーについて「代表」したり「代弁」したりしているわけではないということです。客観的に見て同じような立場や特徴をもつ人でも、経験や思いは一人ひとり違うからです。そこで、本書の構成では、一般的な人権課題[3]——たとえば「被差別部落」「子ども」「障害者」「女性」「外国人」など——に沿って人をカテゴライズするのではなく、どんな人でも生きるうえで関わるであろう「家族」「教育」「性」「労働」「ルーツ」を柱にしました。興味のわいたページを開いてもらえれば、そこから執筆者との出会いが始まることでしょう。

●注

(1) 二〇二二年四月より、大阪公立大学工業高等専門学校。以下同様。

(2) 編者名のふらっと教育パートナーズ（略称：ふらパー）とは、「理不尽ではない普遍的な社会の土台を私たちが築くこと」という「ふらっとライフ」の考え方（序章参照）のもとで、本書の作成や人権教育、イベント企画などに取り組むグループ。多様なフィールドに生息するメンバーたちが、それぞれの「日常」から見えている社会の景色を発信します。そこからどんな化学反応が起きるのか、とても楽しみです。

(3) 本書では、それぞれの執筆者の価値観を尊重するため、「障害／障がい／障碍」などの用語の表記については、あえて書籍全体で統一していません。各執筆者が特定の表記を採用した理由については、可能な限り本文中で説明してもらっています。

目次

はじめに　ii

序章　二つの「あたりまえ」と「ふらっとライフ」　2
1　二つの「あたりまえ」　2
2　「人間としてのあたりまえ」を実現していくプロセス　3
3　「理不尽」をめぐる対話　4
4　いろんな人が関わる「補修工事」　5
5　「ふらっとライフ」とは？　6

第1部　家族……7

第1章　いろいろな家族のかたち——ステップファミリー、養子縁組家庭を中心に　8
1　さまざまな家族との出会い　8
2　親の再婚で家族になる　9
3　血縁関係のない親と子で家族になる　11
4　自分の家族観をこえて　15

第2章　誰とどんなふうに暮らしたい？——部落問題を学んで考えた〝家族〟のかたち　17
1　浅香地区の話　17
2　差別との出会い、葛藤　20
3　葛藤と向き合い、乗り越える　22
4　部落差別とは何か　24
5　自分が変わることから社会を変える　27

コラム①　介護のしやすさという発想　29
②　障がい者と家族　30

第2部　教育……31

第3章　学校の「フツウ」のなかにある平等と不平等——決まりを守ること・能力に応じた進路に進むこと　32
1　学校の「フツウ」　32
2　「決まりを守ること」　32
3　「能力に応じた進路に進むこと」　38
4　今、起こりつつある変化　41

第4章　学校の外でも学び・過ごせるために——学校に行けない・行かない子の権利の保障を考える　44
1　不登校への感覚　44
2　「ずるい」をちょっと考えてみる　46
3　フリースクールという自治の空間　48
4　学校に行かないことを「権利」として考える　54

コラム③　スポーツ・インテグリティーの確保・向上に向けて　57
④　多民族社会ハワイにおけるダイバーシティ&インクルージョンの取り組み　58

第3部 性 …… 59

第5章 トランスジェンダー・ライフ
――いわゆるMTFの弁護士として 60
1 戸籍上は男性の「女性弁護士」 60
2 トランスジェンダー、LGBTとは 60
3 アイデンティティーの変遷 63
4 トランスジェンダーと社会の障壁 66
5 ジェンダーへの意識を 70

第6章 「合意」が大切!
――身体を用いたコミュニケーションの基礎知識 71
1 関係/生き方の多様性 71
2 性別? 71
3 異性間のセックス――妊娠週数・安全日?・避妊 72
4 性感染症 77
5 人工妊娠中絶手術のことも知っておこう 79
6 「明確で自発的な合意」をめぐって 80
7 関係を真摯に編むために 82

コラム ⑤ 男性の育児休業 85
⑥ 心とからだのプロフェッショナル!? 養護教諭って何だ!? 86

第4部 労働 …… 87

第7章 「最底辺」から建設業界を支えてきた労働者たち
――釜ヶ崎(あいりん)地区日雇建設労働者の闘い 88
1 釜ヶ崎(あいりん)地区ってどこ? 88
2 活気に満ちていた労働者の町 90
3 働く者の権利と誇りを勝ち取る闘いへ 92
4 路上に放り出された労働者たち 96
5 労働者、そして労働とは 99

第8章 苦手なことがあっても働ける
――「合理的配慮」って何だろう 102
1 「できる」から働ける? 102
2 「できない、できる」を考える
――ふたつのエピソードから 102
3 「合理的配慮」とは何か? 105
4 こんなふうにして働いている
――さまざまな「障害のある先生」 108
5 できなくても働ける社会へ 111

コラム ⑦ 誰のための福祉機器製作か 113
⑧ 「とかいなか」での暮らしと仕事 114

第5部　ルーツ……115

第9章　外国にルーツをもつ「日本人」のこと
——移民や外国人が住みやすい社会に向けて　116
1　日本と朝鮮の二つのルーツ　116
2　朝鮮半島からの移民　117
3　「孫正義」という名前の「日本人」が生まれるまで　121
4　わたしの名前とKFCでの活動　125

第10章　命の源、水を守る人々
——インド、ケララ州の社会運動の現場を巡る　128
1　世界各地の社会問題を巡る旅へ　128
2　「世界社会フォーラム」のテントを訪ねる　129
3　手づくりの水道　131
4　水は誰のものか　133
5　「人類の未来」への想像力をもとう　135

コラム　⑨アボリジニ、そしてアイヌ民族との出会いから　137
⑩広島原爆と「在外被爆者」　140

終　章「あたりまえ」を問う　145
1　差別や排除の背景にあるもの　145
2　運動の「あたりまえ」　145
3　文化の「あたりまえ」　146
4　「あたりまえ」を変えるには　148

おすすめ作品紹介　150
おわりに　151
執筆者紹介　152

ふらっとライフ

それぞれの「日常」からみえる社会

序章

二つの「あたりまえ」と「ふらっとライフ」

伏見　裕子

1　二つの「あたりまえ」

　みなさんは、日常生活のなかで「あたりまえ」という言葉をどんな場面で使ったり見かけたりするでしょうか。「親が子どもをちゃんと育てるのはあたりまえ」とか、「日本人なら日本語を話せるのはあたりまえ」など、いくつも挙げられるのではないでしょうか。最近はあまり堂々と言われなくなってきましたが、「女性が家事をするのはあたりまえ」と思っている人も少なくないかもしれません。これらの「あたりまえ」は、「常識」とも言い換え可能な意味で使われていますので、「常識としてのあたりまえ」とでも呼んでおきましょう。

　ちなみに、「常識」というのは、ある特定の集団において共通にもつべきとされている知識や経験などであり、個別の事実と一致しないことは多々あります。先の例でいえば、何らかの事情で子どもを育てられない親や、日本語を話せない・話さない「日本人」（そもそも日本人って誰のことなのでしょう?）は珍しくありません。その意味で、「常識としてのあたりまえ」は、少し疑ってみた方がよい「あたりまえ」なのかもしれません。

　では、「常識」以外の意味で使われる「あたりまえ」はないのでしょうか。「衣食住に困らない、あたりまえの暮らしがしたい」や、「障害のある人があたりまえに働ける社会」などは、「常識」の意味とは違って、「人間らしい」とか、「不利益を被《こうむ》らない」のように解釈できそうです。これらを、「人間としてのあたりまえ」と呼ぶことにしたいと思います。「人間としてのあたりまえ」は、誰もが普遍的に保障されるべき「あたりまえ」であるともいえるでしょう。

　本当は、もっと色々な「あたりまえ」に分類できるのかもしれませんが、いま少なくとも二つの「あたりまえ」を見つけることができました。本書には、これら二つの「あたりまえ」に関わる内容が、さまざまな場面で登場します。たとえば第二章や第九章では、特定の地域や国に関係していると差別される、という「常識としてのあたりまえ」が社会で共有されていたために、「人間としてのあたりまえ」に保障されるはずのインフラや教育の権利などを得られなかった人々がいたことが語られます。このように、二つの「あたりまえ」は、別々にあるのではなく、密接に関わっていることがわかります。さらに突っ込んでいえば、「常識としてのあたりまえ」が、「人間としてのあたりまえ」にとって妨《さまた》げや障害になることがある、と言えるでしょう。それはとても理不尽なことです。

これら二つの「あたりまえ」のうち、「常識としてのあたりまえ」の正体については終章で扱いますので、ここでは「人間としてのあたりまえ」について、掘り下げて考えてみます。

2　「人間としてのあたりまえ」を実現していくプロセス

すでに気づいた人もいるかもしれませんが、人間として普遍的に保障されるべきあたりまえ、というのは、別な言い方をすれば「人権」にほかなりません。人権は、誰もが生まれながらに等しくもっている権利ですが、一部の人にしか関係がないと勘違いされたり、「思いやり」のことだと誤解されたりすることがあります。(1) もちろん、思いやり自体は悪いものではありませんが、誰にだって、思いやりを持てる相手と、持てない相手がいます。そしてその基準は、個人の気分や社会情勢に大きく左右されます。「こんなご時世なんだから」、「ああいう人は仕方ない」、「あの人は自分勝手だから」、「私だってしんどいのに」……などの理由で、思いやりはすぐどこかへいってしまいます。

でも、人権すなわち「人間としてのあたりまえ」は、たとえどんなに嫌われている人でも、どんな場面であっても、その人が理不尽な扱いを受けることなく、人間らしく生きることを保障するものです。その意味で、私たちの何気ない日常は、人権というゆるぎない土台のうえに成り立っている……はずなのですが、この土台は、いつも「工事中」です（図1参照）。なぜなら、理不尽さや人間らしさの基準と「常識としてのあたりまえ」とが、互いに影響しあっているからです。

たとえば第八章によると、障害者は学んだり働いたりする機会が一方的に制限されても仕方がない、というかつての「常識としてのあたりまえ」に対し、そんな理不尽な状態は問題ではないかという声が多くあがりました。そして現在では、理不尽な「常識としてのあたりまえ」を支える社会環境の欠陥こそが「障害」であると捉えられています。その「障害」をとりのぞいて平等にしていくことを合理的配慮といい、法律でも後押しされています。

この例からは、①「常識としてのあたりまえ」が理不尽であると気づいた人々の②働きかけにより、③人権を侵害する社会環境の欠陥が埋められ、④「人間としてのあたり

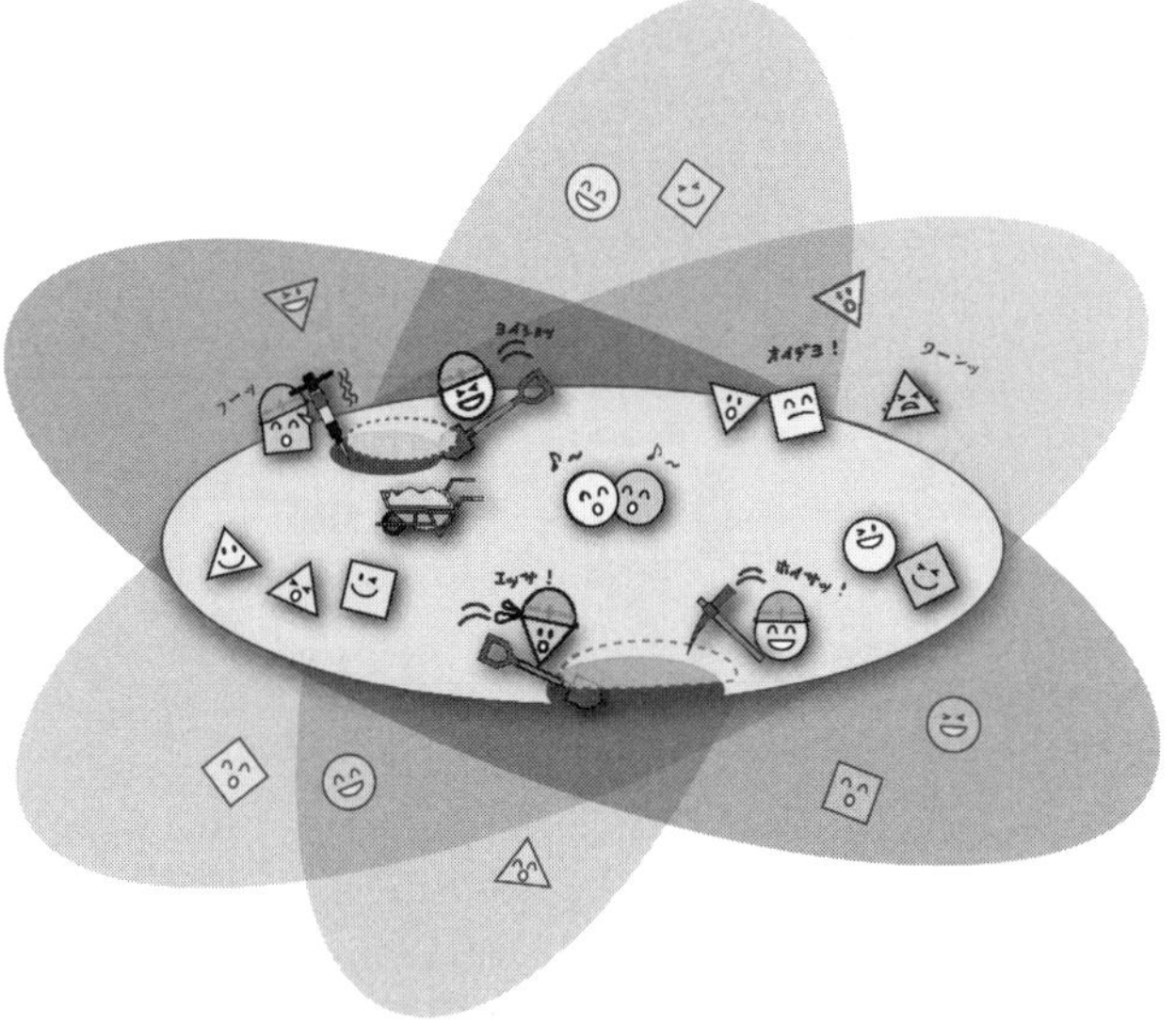

図1　社会の土台を補修する工事
（作図：鯵坂誠之）

まえ」を実現していくプロセスを見て取ることができます。これらの関係を図1で示す工事に置き換えてみると、①の人々＝ヘルメットをかぶった○△□のキャラクター、②の働きかけ＝工事、③の欠陥＝土台の穴や欠落、④の「人間としてのあたりまえ」＝穴や欠落のない土台、ということになるでしょう。

3　「理不尽」をめぐる対話

そう考えると、「人間としてのあたりまえ」にたどりつくためには、まず現状の社会の仕組みや人々の言動が理不尽でないかどうか、問うことが出発点になりそうです。ある人にとって「常識としてのあたりまえ」に相当する事柄であっても、別の人にとっては理不尽に感じられることもあります。そんな誰かの存在に自然と気づくことは容易ではありませんが、「これは理不尽だ」という声があがったとき、どうすればよいのでしょうか。もちろん唯一絶対の正解はありませんが、理不尽と感じる人がいるという事実を事実として受け止めること自体、簡単ではないようです。

実際、車いすを使う人がバスなどの公共交通機関に乗ることを拒否され、理不尽だと声をあげた途端《とたん》、ワガママだ、人の迷惑になっているのを自覚しろといった声がネット上に溢《あふ》れます。こんなふうに、他の人にとって何でもないようなことが身体的理由などで認められない事態を、「常識としてのあたりまえ」の視点でしか見られない社会の土台は、穴ボコだらけで、きっとそのうち、ネット上で書き込みをしていた人たち自身もその穴に落っこちてしまうでしょう。

一方、なぜその人が理不尽だと思ったのか、どうすれば理不尽ではなくなるのか、本人としっかり対話することができれば、今まで見えなかった穴に気づくことができるかもしれません。もしかすると、本人の誤解や思い込みもあるかもしれませんが、その場合も、対話を通じて解決の糸口が見えたり、自分とは違う感じ方の人がいると知ることができたりするのではないでしょうか。

4　いろんな人が関わる「補修工事」

こうして、社会の穴に気づくことができれば、次は補修工事です。補修工事とは、社会の理不尽さを解消するために行動することです。理不尽に遭遇《そうぐう》した人や気づいた人自身が工事にあたることができる場合もあれば、それが難しい場合もあるでしょう。また、今まさに穴にはまって動けなくなっている人、つまり人権を侵害されて危機にさらされている人や、すでに穴に落ちて亡くなってしまった人は、自分で工事をすることができません。土台の補修工事を進めるには、いろんな人が、それぞれの方法で、さまざまな度合いで関わるのがよいのではないでしょうか。たとえば、今まで避けていたタイプの人に話しかけてみるとか、友達のからかい言葉に「ほんとにそうかな？」と問いかけてみるとか、そんな身近なことでも十分だと思います。もちろん、社会制度を変えようと直接周りに呼び掛けたり、デモに参加したりするのも一つの手段でしょう。あるいは、過去にあった理不尽な事象について歴史的に研究したり、理不尽さを解消するためのテクノロジーを開発したりすることもできるかもしれません。

しかし、この工事には最低限の材料が必要です。たとえば第一〇章にあるように、「命の源」である水がなければ、そもそも私たちは生きていけません。エネルギーがなければ、行動するための移動手段を確保することができません。社会の土台づくりは、有限な資源と人間との関係を無視して行うことはできませんし、有限な資源をめぐって、人間同士の新たな争いが起こることもあります。多くの人々の利害に影響するからこそ、できるだけいろんな人が、この工事に関わる意味があるのだと思います。

5 「ふらっとライフ」とは？

さて、本書では、これまで述べてきたような理不尽への気づきや、それを解消するための行動を通じて、「理不尽ではない普遍的な社会の土台を私たちが築くこと」を、「ふらっとライフ」と呼びたいと思います。この土台は人権そのものですが、穴がなく、安心して過ごせるような、どこまでも続く平面をイメージすると、親しみやすい「ふらっと」という言葉が浮かびました。また、「ふらっと」は勝手に存在するわけではなく、私たちの生活や人生、すなわちライフのなかで補修工事をしていく必要があるため、私たち自身が工事をして「ふらっと」を築いていくことを指して、「ふらっとライフ」としたわけです。本書に登場するさまざまな「ふらっとライフ」を読むこともまた、土台の補修工事に参加する方法の一つだといえるでしょう。

●注

（1）詳しくは、アジア・太平洋人権情報センター編『人権ってなんだろう？』（解放出版社、二〇一八年）などを読んでみてください。

第1部

家族

第1章

いろいろな家族のかたち

ステップファミリー、養子縁組家庭を中心に

古川　恵美

1　さまざまな家族との出会い

（1）保健室での出会い

みなさんは、「養護教諭」という職業を知っていますか。学校の保健室に常勤し、子どもの発育・発達の支援を行う、いわゆる「保健室の先生」のことです。筆者は、大学教員になる前は、養護教諭として学校に勤務していました。子ども一人ひとりの人権を尊重する養護教諭であること、安心安全な場所である保健室にすることをめざしてきました。

保健室は、保健に関するあらゆる場面を通じて子どもとかかわれる場所です。学校保健安全法という法律の第七条では、保健室について「学校には、健康診断、健康相談、保健指導、救急処置その他の保健に関する措置を行うため、保健室を設けるものとする」と定められています。

高校生が保健室に来室する理由には、体調が悪い（頭痛、腹痛、気持ちが悪いなど）、友だちの付き合い・付き添い、けがの手当て、なんとなく、などがあるようです（日本学校保健会、二〇一六年度保健室利用状況に関する調査報告書）。筆者が養護教諭として勤務していたときも、「なんとなく保健室に来た」「保健室にいると、ほっとする」「気持ちが少し楽になった」など、子どもたちとの日々が思い起こされます。

（2）子どもからの家族関係に関する相談

子どもたちからの相談ごとでは、家族をめぐる内容が多くありました。子どもたちが暮らしている家族のかたちはさまざまで、ひとり親家庭、親が再婚した家庭、養育里親との家庭、養子縁組をした家庭などがあり、児童養護施設で暮らす子どもたちもいました。また、実親と暮らしている子どもからも、「親が自分を大切に思ってくれているように感じない。きょうだいと差別されているように感じる」とか、「お父さんとお母さんはとても仲が悪く、けんかが絶えない」などのような相談を受けることもありました。そこで、家族関係に関する相談を解決していく手がかりとして、子どもへの直接的な支援だけでなく、家族支援というかかわりの重要さを考えていくようになりました。

2　親の再婚で家族になる

(1) ひとり親家庭やステップファミリーの増加

みなさんは、「家族」と聞いて誰の顔が思い浮かびますか？　同居している両親、就職してひとり暮らしをしているきょうだい、住まいと介護施設を往復しているおじいちゃん・おばあちゃん、などでしょうか。ペットの顔を思い浮かべる人もいるかもしれません。一方で、離婚や死別によりどちらかの親とは離れて暮らしている人、また親が再婚したという人も少なくないことでしょう。再婚によってうまれた新しい家族のことを、ステップファミリー（子連れ再婚家庭）といいます。二〇一六年の調査では、ひとり親家庭数は一四〇万世帯（母子世帯数は約一二三万世帯、父子世帯数は約一九万世帯）を超えています（平成二八年度全国ひとり親世帯等調査）。離婚した人の四人に一人以上が再婚していますので（平成二八年度人口動態統計特殊報告「婚姻に関する統計」）、親の離婚や再婚、ひとり親家族やステップファミリーも決して稀ではありません。

(2) 新しい家族が加わるという緊張感

子どもを連れて（あるいは子どもを連れている人と）結婚した親は、「新しい家族」を子どもに提供できた、自分の子どもに父（継父）や母（継母）を与えてあげることができた、と満足感と希望に満ちているのではないでしょうか。一方、子どもにとっては、どのような出来事なのでしょうか。新しい父なり母なりができるということは、今までの暮らしのなかに、新たな家族が加わるという大きな変化です。家族が増えたことを喜ぶ反面、新しい家族が自分の今までの立場に取って代わるような強い立場で、つまり母が継父を（あるいは父が継母を）自分より大切にしていると感じたら、その相手を受け入れることができるのでしょうか。子どもは自分の立場を強くみせるために、親（実親にも継親にも）に反抗的な態度をとるかもしれません。そのような態度をとる子どもと親が家族関係を順調に築き上げていくことには困難がともないます。このように、子どもにとっても親にとっても生活環境の変化に対して、すぐに適応することは簡単ではありません。「新しい家族」が加わるという緊張感と、うまく向き合っていくことが重要です。

では、ここでいう緊張感は、どのようなときに起こりやすいと思いますか。歯みがきやお風呂に費やす時間、それらを行う時間帯やタイミングは、今までの家族と「新しい家族」とでは違ってくるでしょう。自分は、普段どおりに過ごしているはずなのに、その行動が間違っていると新しい家族に思われ、注意されることもあるかもしれません。食事の習慣（よく使う食材とか、味付けとか、時間とか、一緒に食べる人とか）や、就寝の習慣なども同様でしょう。今まで自分が「ふつう」と考えてきた家庭内での常識が通らなくなります。家庭はそれまでの安心安全な場所ではなく、「新しい家族」で新しく「ふつう」のルールが出来上がるまでは、緊張感に満ちたものとなる可能性があります。

このようなステップファミリーに対しての支援は、日本ではやっと注目されてきたところなのです。詳しく知りたい人は、『ステップファミリーのきほんをまなぶ――離婚・再婚と子どもたち』（緒倉珠巳・野沢慎司・菊池真理他、金剛出版、二〇一八年）を読んでください。

（3）家族になるための工夫〜ある継父と継子の語りから

子どもがお腹の中にいるときから実父と実母が一緒にいる家族は、子どもが生まれる前に親子になるための準備期間があります。一方、子どもはすでに生まれていて途中から家族になるステップファミリーは、工夫して家族になる準備をしなければなりません。ここでは、ある継子と継父の語りから、親子になった直後の工夫に焦点を当て紹介します。

継子は現在大学生、継父と実母の三人家族。子どもが小学校高学年のときステップファミリーとなりました。一緒に暮らす前に「いきなり父にはなれない」と感じた継父は、自分（継父）のあだ名を子どもと一緒に考え、子どもが自分を呼びやすいように工夫しました。一緒に暮らしだして一年ほど経った頃に、継子から「パパ」と呼ばれていることに気付きました。継子も「気が付いたらパパと呼んでいて、そのうちお父さんと呼ぶようになったことは覚えているけれど、きっかけは特になく、印象深い出来事があったわけでもない」と言います。

あだ名で子どもに呼ばれている時期に継父が心がけていたことは、「子どものしていることに興味をもっていることを言葉で伝えること」で、お互い相手を知ることから信頼関係を深めようとしていました。

継父にとって最も心強い相談相手は自分の両親でした。彼らは「新しいお父さんとして、頑張ってね」などの新しい家族の絆を期待するようなことは言わず、継子にも「新しいお父さんのいうことを聞かないといけないよ」などの言葉をまったく言いませんでした。それは継祖父自身が養子であり、子どもの幸せを一番に考えることが重要であることを実感している人だったからです。

ステップファミリーで家族になった人が、継親と継子のトラブルを相談すると「結婚できたんだから我慢して」とか、「わかっていて結婚したんでしょう」などと非難されることがありますが、この家族は、理解し支えてくれる周囲の人に恵まれていたことがわかりました。大学生の継子は、家族が仲良いことを友人から羨まれることもあり、ステップファミリーだったことを忘れていることが多いと語ってくれました。周囲の理解と、子どもの権利を守る努力により、この家族が安定したのではないかと思います。

3　血縁関係のない親と子で家族になる

(1)　里親制度を広める取り組み

経済的理由や親の精神的理由などで実親と一緒に暮らせない子どもを家族に代わって公的に育てる仕組みを、社会的養護といいます。現在の日本において対象となる十八歳未満の子どもは、約四万五〇〇〇人います。

社会的養護には、より家庭に近い環境で育てる「里親等の家庭養護」と、乳児院や児童養護施設等で育てる「施設養護」があります。アメリカやヨーロッパなどの先進諸国では家庭養護が主流です。オーストラリアやニュージーランドでは九割以上が里親家庭で養育されています。一方日本では、里親などの家庭養護で過ごす子どもは二割未満で、八割以上の子どもが乳児院や児童養護施設等で過ごしています。

そのような状況のなかで平成二八年度に児童福祉法が改正され、子どもが権利の主体であり、実親による養育が困難であれば里親や特別養子縁組などで養育されることが望ましいと明記されました。今、日本全国で里親制度を一般の人に広めていく取り組みがはじまっています。

里親になることが、すぐさま親子関係を結ぶということではありませんが、施設ではなく里親に育てられることの効果として、以下のようなことがあげられています。①特定の大人との愛着関係の下で養育され、安心感の中で自己肯定感を育み、基本的信頼感を獲得できる。②適切な家庭生活を体験する中で、家族のありようを学び、将来、家庭生活を築く上でのモデルにできる。③家庭生活の中で人との適切な関係の取り方を学んだり、地域社会の中で社会性を養うとともに豊かな生活経験を通じて生活技術を獲得できる。④里親は、委託解除後も関係を持ち、いわば実家的な役割を持つことができる（詳しく知りたい人は、厚生労働省子ども家庭局家庭福祉課「社会的養育の推進に向けて」平成三一年四月を参考にしてください）。

（2）養子縁組制度とその他の里親制度の違い

里親制度は、実親が子どもを養護できるようになるまでの間や、子どもが自立するまでの間など、一定期間の養育を前提としています。また、子どもの戸籍を変更することはありません。

里親は次の四つのタイプに区分されます（表1）。

表1　里親制度の４タイプ

里親制度	特　徴	子どもの戸籍変更
養育里親	様々な事情により家族と暮らせない子どもを一定期間、自分の家庭で養育する	なし
専門里親	養育里親のうち、虐待、非行、障害などの理由により専門的な援助を必要とする子どもを養育する	なし
養子縁組里親	養子縁組によって、子どもの親（養親）となることを希望する	普通養子縁組 あり （養子／養女）
		特別養子縁組 あり （長男／長女）
親族里親	実親が死亡、行方不明等により養育できない場合に、祖父母などの親族が子どもを養育する	なし

（出典）「政府広報オンライン　1．養子縁組制度や里親制度とは？」https://www.gov-online.go.jp/useful/article/201706/1.htmlを参照し作成

養子縁組制度は戸籍の変更をともない、「普通養子縁組」と「特別養子縁組」の二種類があります。

「普通養子縁組」の場合、戸籍での養子の続柄は「養子（または養女）」と記載されます。養子が実親との親子関係を存続したまま、養親と親子関係をつくるという二重の親子関係となる縁組です。

「特別養子縁組」の場合、戸籍での養子の続柄は「長男（または長女）」と記載されます。実親との親子関係を断ち、子どもの最善の利益のために、育ての親と新しい親子関係を結ぶ縁組です。

（3）「生い立ちの授業」

特別養子縁組で家族になった家族は、子どもに「真実告知」をすることが勧められています。「真実告知」とは、子どもと生物学上の親子ではないけれど、あなたはとても大切なわが家の子ども、と伝えることです。たとえば、養母が子どもに「あなたは私が産んだのではないけれど、大切な私の子どもだよ」と伝えたり、養父母が子どもに「私たち親は、あなたがうちに来てくれて本当に嬉しいと思っている」ということを、幼児期から機会をとらえて子どもに伝えていくというものです。それぞれの家族で、ときにはソーシャルワーカー等の専門家に相談に乗ってもらった

りして、自分たちの考え方をじゅうぶんに話し合って決めていきます。「真実告知」を行うタイミングや方法は、子ども一人ひとりに合わせて行います。もちろん家族の状態が安定しているときに行うべきで、親子喧嘩のついでに「実の子ではないんだ」と言うことではありません。また、養親にもいろいろな考え方がありますから、「真実告知」をしないという選択をする人もいます。そして、養父母からじゅうぶんな愛情をかけられていても、子どもによっては、血縁関係のある実親から捨てられたという思いを抱いていることもあります。子どもや養親の受け止め方は、それぞれ違います。

現在、高校生の養子（特別養子縁組）をもつ母親（養親）に、インタビューしました。ここでは、ある養母が小学校生活で最も心配した授業に焦点を当てて紹介します。

養子は現在高校生、養父と養母の三人家族です。子どもが二歳のときに特別養子縁組が成立しました。養母は夫と話し合い、小学校の先生たちに養子であることを伝えず、クラスの他の子どもと同じように過ごさせようと決めていました。

ただ、二年生で行われる「生い立ちの授業」への参加の仕方について、悩んでいました。子どもと先生、周囲の子どもに、何をどのように伝えたらいいのかということです。この授業は小学校二年生の「せいかつ」の教科にあります。「みんな大きくなったよね」として、①自分探検に出発、②出来るようになったこと、③自分物語の作成、④お礼の気持ちを伝える、という内容です。

この養母は子どもに「真実告知」をしていました。「赤ちゃんがお母さんから生まれる」という話が授業に出た場合、わが子が、自分が養子であることを授業中に話し出して、何か誤解されたり他の子にいじめられたり、からかわれたりしないかという心配があったと言います。

また、学校から「赤ちゃんの頃の写真を持ってきましょう」と言われたことにも困りました。赤ちゃんの頃は乳児院にいたため、いわゆる一般的な家庭での写真がなかったからです。そこで、担任の先生に、授業の内容を確認するとともに、特別養子縁組で家族になったという事情を伝えました。「学校全体にはそのことを伝えるつもりはなく、先生（担任）と私との間の話です」と、担任の先生だけに伝え、子どもにも、「担任の先生に（養子だという）事情を話すよ」と説明しました。

この授業をすることがわかったのは、毎月配布される学級通信のなかで、「『せいかつ』（の教科）で、〈赤ちゃんはどこから〉というテーマで授業をします」と書かれていたからでした。「ああ、このときがきた、配慮をしてほしいな」と思い、すぐに担任の先生に連絡して内容を確認しました。そのとき担任の先生は、「赤ちゃんはお母さんのお腹の中から生まれますという内容です。気をつけて話しますよ」と言われたそうです。気をつけるとはいっても、「赤ちゃんはお母さんのお腹の中から生まれる」という内容は必ず入れるという方針は変わらず、それでは何にどのように気をつけようとしているのか、まったくわからなかったと養母は語りました。養母は、このとき担任の先生に言われたことが納得できず、数年たっても忘れられないと述べて、以下のように語っています。

「最近では、実親さんから生まれるっていう子だけじゃないっていうのは誰でもわかっているはずなのに。学校側も認識していると思うし。再婚とかで養子縁組するとか、いろいろあるし。だから、今のお母さんのお腹から赤ちゃんが生まれてくるっていうところを押さえないといけないっていうのは、担任の先生の考えだけで、授業としては、何かおかしいと思うんです」。

「必ず今のお母さんのお腹から生まれてきたんやで、生まれたとき何グラムやった、みたいな。陣痛が何時間でどうとかで、その産道を通ってとかいうね、几帳面に教える先生がいて、困ったなあと思いました」。

さらに、「うちの子が、僕は違うよと言いだしたら、小学二年生の子どもたちですから、どんな質問が飛び出すかわからない。うちもそうだという子どもがいたらどのように対応するのかということも心配になりました」とも述べています。

そのあたりも含めて配慮を要請したものの、担任の先生は、わかってくれたような、わかってくれないような感じだったと言います。特別養子縁組で養子になったということは、実親とは縁が切れているので、母子健康手帳に記載されている内容と児童相談所で教えてもらった当時の情報から推測するしかないことを、担任の先生は知らなかったのではないでしょうか。

前述の通り、この家族は子どもに、「お母さんのお腹で赤ちゃんは育てられなかったから、お母さんはあなたを産んでないねん。だけどあなたは、とてもとても大切で大事な私の子どもです」という説明、いわゆる「真実告知」をしていました。養母は、自分の養子への配慮は、ステップファミリーや里親、養子縁組をしている他の子どもへの配慮にもつながるということを、担任の先生に伝えたかったのだと思われます。

養母は小学校教員免許状取得者で、赤ちゃんの頃の写真を授業で使用する必要がないことを知っていたため、写真を持ち寄ってスライドで紹介すること自体に関しても反対意見を述べていたのですが、担任の先生は「生まれたすぐの写真ぐらい、どこの家にもあるでしょう」という反応で、変えてもらうことはできなかったそうです。

そこで、養母は三歳の頃の写真を子どもに持たせることにしました。三歳の頃と比べて二年生の今はこんなに大きくなったからその写真を選んだと言えるし、何よりも授業の工夫をしてほしいと望んでいました。そして、同じく特別養子縁組をした仲間から、小学校では困った授業があると前から聞いていて、いろいろ調べてきたから判断ができただけだと述べ、最後に「なんか本当にしんどい授業でした」と語りました。

4　自分の家族観をこえて

いろいろな家族がある、だけど、自分の家族が「ふつう」とみなさんは思っていませんか？　自分が今まで育ってきた環境、自分の価値観、自分の家族の考え方が「ふつう」と思いがち。「ふつう」から外れている家族だと思ったら、修正しよう、修正して助けてあげようとして、でも、自分の考え方を押し付けがち。でも、自分の家族観で助けてあげようとしてかかわると、実は、とても相手に精神的負担をかけていたということもあります。今回、ひとり親からステップファミリーとして暮らすことを決めた家族、特別養子縁組をした家族を取り上げました。みなさんの「ふつう」と思っていた家族観は、変化しましたか？

変化しているかどうか振り返るために、子どもが十歳のときに行われることのある「二分の一成人式」というものを考えてみてください。みなさんが小学校の先生だったら、実施しますか？　実施するとしたら、どのような点に配慮しますか？

ある四年生の子どもは、「二分の一成人式」の取り組みとして「産まれてから今までかかわってきた人にお礼を書こう」という課題を出されたとき、授業が終わってから担任の先生のそばに行って、先生だけに聞こえる声で、「私は小学校に入る前は施設（児童養護施設）にいてたから」と言いました。担任の先生は、そこで子どもの話を遮り、「知ってるよ、あなたは書かなくていいよ」と答えたそうです。この話を聞いて筆者は、その子は自分のライフストーリーとして語りたかったのかもしれない、と思いました。子どもは帰宅するなり、「私のことを勝手に先生に言ったでしょ」と親に怒っていたそうです。結局、その子が産まれてから小学校に入るまでの欄は空白でした。今のみなさんなら、この子どもとどのようにかかわりますか？　正解はないかもしれませんが、考えてみていただきたいと思います。

　筆者はこれまでに、研究者としていろいろな家族と出会わせていただきましたが、ひとつとして同じ家族はありません。これが家族の範囲だから、これが家族としてのあり方だから、というものもありません。筆者自身は自分の価値観をこえて、目の前にいる子ども、その家族の抱いている「ふつう」って何かな、と想像しながら、学び続けていきたいと考えています。

＊本章の一部はＪＳＰＳ科研費JP18H01001の助成を受けたものです。

第2章

誰とどんなふうに暮らしたい？

部落問題を学んで考えた“家族”のかたち

川﨑　那恵

1 浅香地区の話

(1) 記憶のはじまりにある懐かしい町

母にくっついて上るのが大好きだった物干し台から眺めた空、家々や団地、だだっ広い空き地、南に流れる大和川。家の横にある子どもひとりやっと通れるくらいの細い路地、石の階段を降りていくと祖母が住んでいた二階建てアパートです。玄関先に置かれた洗濯機から漂う粉石けんの匂い。大和川と並行して伸びる東西のメインロード。その西の端っこに、木造一軒家の我が家はありました。斜め向かいには曽祖母が営んでいた酒屋、東に進むと左手の角に散髪屋さん、もう少し歩くと右手に駄菓子屋さん、もっと先に行くとお墓がありました。途中、北向きの坂道を下ると、左手にまた駄菓子屋さん、道路を渡ると、診療所と銭湯があり、その奥は白い壁で囲まれて工事中でした。よく遊んだ公園は西の端っこにあり、その隣には鉄くずの塊がたくさん積まれていた小さな工場がありました。

大阪の被差別部落・浅香の約三十数年前の景色、この景色が私の記憶のはじまりです。浅香は父が生まれ育った町です。

私は生まれてすぐこの町に暮らしたのではありませんでした。四歳頃まではこの町から自転車で五分ほどのところにある、父が勤めていた会社のすぐ近くのマンションで育ちました。新婚の両親は互いの親元から離れて暮らしたかったそうです。また、私の本籍地に「浅香」と記載したくなかったと聞きました（実際には本籍地は現住所と必ずしも一致せずともよく、好きな地域を指定できるのですが）。その後、祖母が暮らしていた父の実家に戻ることになり、私の原風景になりました。

母が生まれた地域もまた大阪市内の被差別部落でした。母方の祖父母が住んでいたその町を、子どもの頃は月に何度か訪ねました。自転車で一〇分くらい走り、高架下を抜けると、大きな公園がありました。祖母とよく遊びに行き、シロツメクサのかんむりの作り方を教えてもらいました。公園からすぐ近くの郵便局を曲がると診療所。この歯医者で何度も痛い思いをしました。その向かい側に母が育った小さな一軒家があり、玄関前のスペースで、夏

写真１　浅香から大和川をのぞむ

の暑い日にはたらいで行水をしました。この家で親子六人がどう暮らしたんだろう？　そんな狭さでした。土曜日に訪ねると、祖父は昼食にいつも「テンヤモン（＝店屋もの）」を頼んでくれました。出汁巻定食、一口カツ定食、木の葉丼が私たちの定番でした。よれよれの白のタンクトップにパッチ（ももひき。男性がズボンの下に履く下着）姿、白いタオルを首からかけた祖父が実に美味しそうに食べる姿を思い出します。近くの銭湯は本当に地下から湧いてきた天然の温泉でした。

（2）浅香の部落解放運動

私の思い出話は尽きませんのでこの辺りにしておきましょう。浅香がどんな風に変わってきたのか、私が生まれる前、父が小学生になる一九六〇年代初め頃に遡ってみます。

一九五〇年代から六〇年代にかけて、戦後日本は高度経済成長を迎え、一九六四年東京オリンピック、一九七〇年日本万国博覧会を経て、人々の持ち物やライフスタイルもどんどん変わっていきました。その一方で、公害や環境破壊など取り返しのつかないこともはじまりました。

国じゅうが豊かになっていくなか、取り残された地域がありました。父の故郷・浅香（一九七五年実態調査によると九四二世帯・約二〇〇〇人。二〇一五年四九三世帯・一四四一人）もそのひとつ。大和川の河川敷にも住宅が建てられており、洪水などで川の水嵩が増えると浸水はもちろん、流されてしまった家もあったといいます。とても健康的とはいえない環境で暮らさざるを得ない人たちが多くいました。下水道・上水道も整備されていませんでした。

浅香の人たちは、ほかの地域はそうではないのに、この地域だけがこのような劣悪な状況に置かれていることに気付きました。ここが「部落（未解放部落、被差別部落）」と呼ばれ、この地域と住民が、周囲から差別のまなざしを受けていること。その差別のせいで満足な仕事が得られず、貧しい暮らしを強いられ、弟や妹の子守に忙しく小学校に通うことのできなかった人たちがいること。学校に通えず字の読み書きに困難を抱える人たちは仕事探しや生活面で苦労が絶えなかったこと。そうした実態を前に、自分たちの置かれた状況は自分たちが怠けていたり貧しかったりするからではなく、差別のせいなんだ、と自覚する人たちが増えていきました。

　このような、差別の理不尽さに気付き、声をあげて改善に向けて動き出した人たちの全国的な社会運動が、部落解放運動です。環境改善、教育、仕事保障などを国に要求しました。その結果、一九六〇年総理府（現内閣府）に同和対策審議会が設置され、一九六五年内閣総理大臣宛に同和対策審議会答申を提出しました。答申を受け、一九六九年同和対策事業特別措置法という法律が制定され、被差別部落の人々の暮らしが良くなるようさまざまな事業を行うための予算措置がとられました。浅香地区では法律制定より前の一九六五年に、部落解放同盟浅香支部という組織が結成されており、法律制定後の事業の推進主体となっていきます。大阪市や国に対して環境の改善を求めてきた浅香の人たちは、周囲を大和川、大学、地下鉄の車庫に囲まれ「陸の孤島」と呼ばれ、外からはほとんど人が入って来なかった浅香の状況を変え、人と人が出会う街（それを浅香の人たちは「にんげんの街」と呼びました）をめざしてきました。甲子園球場三つ分の広大な車庫が撤去され、その跡地には、公園や中学校、福祉施設などが生まれました。

　被差別部落は全国に約六〇〇〇地区あるといわれていますが、その内の約四〇〇〇地区が「同和地区」という同和対策事業特別措置法の対象地域となる地区に指定されました。とはいえ、ひとつとして同じ地域はなく、住民の数や面積、その立地（都市、山あい、川沿い、海辺など）、そこに暮らす人たちの仕事も実に多様です。共通点は、周辺地域に暮らす人たちから「あそこは私らとは違う」と指され、差別を受けてきた地域である、という点です。部落差別というのは、被差別部落につながりのある人たち（生まれ育った人、住んでいる人、親や親戚がこの地域で生まれ育った人、など。日本の人口の約一％といわれています）に対する差別のことです。たとえ他の地域に暮らすようになったとしても、出身地域が被差別部落であるということを理由に差別を受けることもあります。二〇〇二年三月末、特別措置としての同和対策事業が終了しましたが、部落差別がなくなったわけではありません。二〇一六年十二月には部落差別解消推進法が成立しました。この法律には部落問題が現在も存在することが明記されています。

　「そんな差別、見たり聞いたりしたことがない」という人もいるかもしれません。しかし私はこれまでに部落差別に直面した若い人たちの話を何回も聞きましたし、二〇二〇年現在もインターネット空間では被差別部落に対する誹謗中傷、デマ、差別とその扇動は溢れかえっています。こうした差別をなくすために、今も各地に運動団体があり、粘り強い取り組みを続けている自治体や個人が存在します。

2　差別との出会い、葛藤

（1）引っ越しを機に言われたこと

同和対策事業の過程で、一九八〇年代の終わり、私の暮らしていた家が立ち退きになり、父は故郷の外に土地を買い求めて、自分で図面を引いて家を建てました。新居は浅香から自転車で五分もかからない地域にありましたが、私は小学校二年に上がるときに、それまで通っていた小学校から隣の小学校へ転校しました。

転校先の小学校に通いはじめた頃、「あっち（浅香）には遊びに行かんとき」「どこから引っ越してきたか言ったらあかんよ」と両親から言われました。また、小学三年生のある日、道徳の時間に使っていた副読本に、浅香の話が出てきて、そこが「ぶらく」であることも学びました。家に帰って両親に「うちって〝ぶらく〟なん?」と聞くと、「そうやで」と言われました。当時学校では「ぶらく」はいわゆる江戸時代の「穢多・非人」の身分であった人たちが住んでいた地域と教わったので「ふーん、そうなんやぁ（武士の出じゃないんやぁ）」と何だか残念な気持ちで「うちは〝ぶらく〟」を受け止めていました。また、とある食材を使うメニューが夕飯に出されるときは決まって「これを食べてることは友達には言ったらあかんで」と言われていました。とある食材とは、牛の小腸を揚げた「油かす」と、馬肉の燻製「さいぼし」です。私はこれらの食べ物が大好きでした。ですので、秘密にしておくように、と忠告されると、なんで?という疑問と同時に、自分たち家族だけの秘密のおいしい食べ物で他の人たちは知らないものなんだ、という優越感を子どもながらに感じていました。これらの食材が、関西の被差別部落を中心に流通した食材で一般的なものではなかったのだと知ったのは、大学で部落問題を学んでからです。

（2）大学で部落問題を学ぶ

中学・高校は私立の女子校に進学しました。この六年間で部落問題について学んだ記憶はありません。高校卒業後、入学した大学が、家から教室に到着するまで自転車で一〇分という距離にあった大阪市立大学でした。入学式の後のガイダンスで、この大学には人権問題研究センターがあり、差別や人権について考える授業がたくさん開講されていることを知りました。そこで私は、上述の経験とともに「あ、そうや、うちって〝ぶらく〟やったよね」と思い出しました。私は自分が被差別部落の生まれであることを忘れてはいませんでした。

大学で初めて部落のことを知り考える機会を得、四月初回の授業を受けた日、家に帰ってやや興奮気味に部落問題の授業を受けてきたと母に報告すると、「なんで大学に入ってまでそんなことを勉強するの⁉」という反応が返ってきました。私は、「この家ではこの話はタブーなんだな」と受け止め、家族に隠して勉強することにしました。今から振り返ってみれば、母は責め立てたり禁止したりしたわけではなく、タブーというほど深刻ではなかったのかもしれません。ただ、当時の私は、両親が私を「部落」から遠ざけようとし、立身出世を願って大学にまで入学させてもらったのに、わざわざ自分から「部落」の世界へ足を踏み入れて、なんと親不孝な娘であることか、と心底自分を呪っていたのです。

しかし、人間の好奇心というものは多少のことではへこたれません。「部落」について知りたいという気持ちは抑えられず、授業はもちろん、授業外で企画されていた学習会やフィールドワークにも積極的に参加して、これまで誰もろくに教えてくれなかった「部落とは？」「部落差別／部落問題とは？」を学んでいきました。出会った先生や先輩は部落問題について詳しく、信頼するには十分な存在で、私は親への後ろめたい気持ちを抱えつつも「実は浅香の出身なんです」と打ち明けていました。学んでいくなかで、差別のおかしさを実感するとともに、なぜ両親は私に住んでいたところや食べていたものを周りに言ったらあかんよ、隠しなさい、と言ってきたのか疑問に思いました。被差別部落の地域から外の地域へ引っ越したことも、差別から自分たちだけ逃げようとし、出身であることを隠し、差別をなくしていこうとする社会運動に積極的にかかわらなかったという意味で、非常に格好悪いネガティブな生き方として、私の目には映りました。自分たちが悪いのではなく、社会の側、すなわち差別をする側が悪いのだ、という一九二二年結成の全国水平社が打ち出した思想・意識変革こそかっこいいと思ったわけです。私は両親のような生き方はしたくない、差別としっかり向き合い、社会を変えていくんだ、という意気込みでした。しかし、内実は両親に対する葛藤を抱えながら、部落問題について考え続けていました。

3　葛藤と向き合い、乗り越える

（1）カミングアウトをめぐって

大学二回生になり、引き続き部落問題にかかわる授業や課外活動に参加していると、今度は、この問題に興味はあるけれどよく知らない、という後輩たちに出会いました。もし彼ら彼女らに、私がなぜ部落問題に関心がありここにいるのかを問われたらどう答えたらいいのだろう。カミングアウトしないといけないのだろうか。そんなことできるわけないやん。もし自分が部落出身だと伝えて差別されたら嫌だ、という気持ちでした。授業で差別の現実を知ると、いざ自分が当事者であると知られた場合、どのような反応があるのかわからない、もしかしたら差別を受けるかもしれない、そのことがとても重たくのしかかり、部落問題について多少関心のある学生にさえ、カミングアウトできないでいました。差別はする側が悪いと思っているし、親のように隠したりはしたくないと思っているのに、言えないのです。なんて自分は情けないんだろう、と思いました。

そんな私を先生や先輩が見かねて、夏休みに香川県丸亀市の本島という島に連れ出してくれることになりました。瀬戸内に浮かぶこの小さな島（周囲一六キロメートル）にも被差別部落が二か所あり、部落解放同盟の支部がありました。その支部のみなさんとの交流の場へと、私も含め学生たち一〇数名で訪ねることになりました。そこには私がカミングアウトをできずにいた後輩たちも参加していました。支部の皆さんは本当に温かく学生の私たちを受け入れてくれ、ご馳走とともにもてなしてくれました。地域の歴史や被差別体験、差別をなくしていきたいと取り組んできた運動のことを語ってくださいました。後輩たちも私の隣で、その話を真剣に聞いていました。

写真2　学生時代の浅香フィールドワークの様子（中央で説明しているのが筆者）

合宿二日目の晩、泊めてもらっていた会館の一室で過ごしているとき、これまで打ち明けられなかった、自分が大学に程近い浅香地区の出身であることを後輩たちに伝えることができました。後輩たちはきちんと受け止め、これまでに私に嫌な思いをさせたことはなかったか？とか、カミングアウトしてもらえて嬉しいといった反応を示してくれました。葛藤を乗り越え、相手を信じて、自分の思いを語ることができた最初の経験となりました。

（2）両親の選択と私の生き方

この本島でのフィールドワークを通じてもうひとつ気付いたことがあります。支部のなかで中心的に活動していたのは、私の親世代であったり、子育ての経験がある人たちでした。なぜ差別のない社会を求めて活動するのかといえば、子どもたちには自分が体験した差別を受けてもらいたくない、自分の悲しみを受け継ぎたくない、という気持ちをもっていました。この「子どもたち」というのは、単に血縁関係のある自分の子どもではなく、次世代に生きる子どもたちだと思います。支部長として私たちを歓待し、そうした思いを自らの被差別体験とともに語ってくれたＡさん夫妻は私の両親とほぼ同世代でした。両親もまた、Ａさんらが体験した差別と隣り合わせで生きてきたはずだろうし、生まれてきた私や弟にはそんな差別とは無関係で生きてほしいと願っただろうと思いました。差別がこの世に存在しており、それが自分や自分の大切な存在に降りかかってくるリスクのある人たちは、そうした差別からいかに逃れて生きられるか考えざるを得ない。そして、就職や結婚、子育てなど人生の節目節目において、部落差別との関係で自分がどう生きるか選択を迫られるんだと気付きました。そう気付いたとき、両親が地域から引っ越して、ルーツを隠して生きること、それもまた差別のなくなっていないこの社会で生き抜くためのひとつの戦略であったのだと思い至りました。運動にかかわるかどうか、被差別部落に暮らしているかどうか、そうした違いはあれども、本島で出会ったみなさんと両親に共通する、次の世代には差別に苦しむことなく幸せに生きてほしいという願いに気付き、どこかホッとした気持ちになったのです。

そして、私が生きている時代は両親の生きた時代とは異なります。私はいまこうして大学で部落問題を学ぶことができ、ともに学ぼうとする仲間もいる。だから、両親に後ろめたさを感じることはやめにして、私のやりたいように、自分の生き方を切り開いてゆけば良いんだ、と思えました。こうした体験は、今思うと、親からの精神的な自立という普遍的な成長のステップであったのかな、と思います。いずれにせよ、私は本島での経験を転機に、部落のことを考えたい、一緒に考えてくれる人を増やしたい、という自分のなかから湧き出てくる感情に素直になり、部落問題研究会という学生サークルでの活動に熱心に取り組むようになりました。そこからあっという間に歳月が流れ、一八年経った今も各地で出会えた人たちとのつながりのなかで生きています。

4　部落差別とは何か

(1) 家族からの呪縛

　さて、私の経験をふまえ、ここからは部落問題を考える過程で、良くも悪くもぶつかる「家族」という事象に焦点を当てつつ考えてみたいと思います。

　私が、部落差別が自分にも降りかかってくるかもしれないという不安な気持ちにさせられた経験として、こんなことがありました。大学の授業で先生がこんな質問を学生たちにしたのです。「生まれてくる子どもが差別されるかもしれないから、部落の人とは結婚しないという考えに、あなたは共感できますか？」すると教室で一緒に学んでいた約一〇〇名のうち半数の学生が共感できる、と答えました。学生時代はこの結果のみをとらえてショックを受けていました。ここで共感できると答えた学生たちの意見を補足すると、「生まれてくる子どもが差別されるかもしれない、そうなったらかわいそう」「私だけなら耐えられるが、子どもにまで影響が及ぶのは忍びない」という感じではないでしょうか？　冷静に考えると、子どもが生まれてくる前に結婚することが前提となっている点、また、部落出身者とおそらくそうでない人とのあいだに生まれてくる子どもは、部落出身者となり差別されるかもしれないと言い切っている点において、本当にそうなの？といまの私には疑問が湧いてきます。

　部落出身者と結婚し、実生活や戸籍上、部落とのつながりが生じることで、自分はもちろん自分の子どもや家族・親族にまで差別が及ぶかもしれないと考え、そのリスクを避けたいという感覚は世代にかかわらず残っていると思います。現に存在している差別の火の粉が降りかかってくるのを避けることにより、自分自身がその差別構造に加担してしまうことがよくあります。できることなら部落を避けたい忌避意識が、実際の差別行為を後押ししてしまうのです。

(2) 部落差別を下支えするもの

　こうした差別から自由になる生き方をするには、まず差別とは何かを知る必要があります。その上で、特に部落差別の場合、家族をはじめとした身近な人たちがしばしば振りかざす「世間」という同調圧力に流されることなく、自分の意思を貫いて生きることを実践していかなければならないと思います。

　日本という国は、とりわけ「家族」単位でのまとまりを尊重する社会です。現在自民党が提案している憲法改正案には、第二四条に「家族は助け合わねばならない」と明記した条項追加が含まれています。ここには育児や教育、介護など、まずは家族が対応すべしという思惑が透けて見えます。また、その家族とは、日本においては「家」の構成員を意味し、しばしば個人の自由な生き方（人権）を抑圧します。たとえば、私の母は、十九歳で自分の母親を亡くし、当時まだ小学生だった弟の面倒を見ることを父親をはじめとする家族から強いられ、結果として大学を中退せざるを得ませんでした。管理栄養士になりたいという夢を諦めてしまいました。

また、戸籍制度はその「家」とそこに所属するメンバー間の関係をすべて辿ることを可能として、国が「家」単位で国民を管理する制度です。しかも、天皇家の人々は戸籍に登録はなく、皇統譜（大統譜・皇族譜）に登録され、戸籍に登録されるのは、天皇家以外の日本国籍をもつ国民なのです。外国籍の人はもちろん登録されません。ここでは割愛しますが、戸籍制度がさまざまな差別を温存する制度である点に、もっと多くの人が目を向けてほしいと思います。

（3）個人を抑圧しない生き方の模索

部落差別の事例としてよく取り上げられるのが、結婚差別、就職差別、土地差別です。その人が部落出身であることを理由に、結婚を取りやめる、会社に採用しないというのは、「世間」に差別がある以上、わざわざ被差別部落の人間を家族・親族あるいは会社に抱え込みたくないということだと思います。一九七〇年代に、企業が全国の部落の地名が記載された『部落地名総鑑』[1]を購入し、就職差別を行っていた事件では、部落出身者は「社風に合わない」という理由で排除されていたようです。また、土地差別とは、住宅の入居や取引の際に、どこが被差別部落かを調べ、そうであるとわかればその地域を避けることです。こうした実際の行動を通じて、被差別部落の土地がほかの土地よりも一段価値が劣るものとして扱われ、地価が下がる現象にもつながります。

こう考えてみると、部落出身者を忌避するという差別は、家族や家族のような組織、すなわち自分が所属したり親しみを感じたりする集団の「幸せ」や「発展」を優先したい、そんな素朴な感情と裏表にあるといえるのではないでしょうか。ただ、その集団内に属する人たちも決して一枚岩ではなく、一人ひとり異なった人間たちから成り立っているのです。日本社会では、何かあったときにまずは家族・親族で面倒をみる、責任を問うということがしばしばあります。そうした制度や意識もまた、個人よりも家族を優先する人々の意識を後押ししているように思います。

私は、家族に抑圧されない、自律した個人として生き方を選んでいける社会をめざしていきたいと思っています。それぞれの個人が誰とともに生きたいのか自由に構想し、互いを抑圧しない関係性を模索したいのです。そのためには、自分がどうありたいのか、生きたいのかをそれぞれが考えるところからはじめなくてはならないと思います。

振り返ってみると私も、部落出身であることは隠せ、という両親からの言いつけ・呪縛に気付き、自分からそれを意識的に解いていったといえる経験をもっています。自分の希望と、家族の意向が異なった場合、家族を説得したり折り合いをつけたりしながら、屈することなく自分らしく生きる。そして、日常のなかからそれを実践すること、これが大事だと思います。そこに、部落差別を乗り越えられる生き方が開かれるのではないかという展望をもっています。

（4）問題を学ぶことの大切さ

私自身がこんな風に思えるようになったのは、やはり部落問題について学ぶことができ、その過程でたくさんの人たちと出会えたからだと思います。

いまも昔も、部落差別がこの世に存在するからこそ、どこが部落であるか、誰が部落につながりがあるか、伝えることにはハードルがあります。自分の子どもや、友人・恋人など伝える人が自分にとって近しい大切な存在であればあるほど、迷いやためらいが生じてしまうと思います。一方で、移動や職業選択の自由が実現するなか、自分が部落にルーツがあるかどうかを知らない人も増えてきているようです。このようにして、部落出身者の存在は見えにくくなる一方です。

こうした状況のなか、被差別部落の地名や部落解放同盟関係者の個人情報（住所や名前など）をインターネット上に公開し、差別を扇動するという陰湿な活動を行っている人たちがいます。彼らに対し、個人情報を晒された二四七名と部落解放同盟が裁判を起こし、闘っています(2)。

部落差別がかたちを変えて自分たちを脅かすなか、当事者集団のなかでも部落の地名を公開することへの賛否両論が渦巻いています。実際に私がよく足を運んでいる大阪の部落では、部落解放運動がベースとなった現在の街づくりの歴史を語る際に、ここが被差別部落であるということを必ず伝えていたわけですが、近年、その地域に暮らす子育て中の比較的若い人たちから、そのことは伝えないでほしいという声が挙がっているそうです。もちろん本人の意思を無視して、この人は部落出身者だ、と他人が暴くこと（これをアウティングと言います）はいけないと思いますが、部落の場合、地縁や血縁と密接にかかわるため、たとえば、私が自分の意思でこうしてカミングアウトすることが、ほかの誰かのアウティングにつながるという難しい問題があります。実際、私も家族からこのように文章を書いて発信することを良く思われてはいません。

部落問題に関して、いまも昔も「寝た子を起こすな」という考え方が根強くあります。問題を教えなければ差別などしない、わざわざ教えることで差別が広がってしまうと言われ、マスコミも取り上げることが少ないのです。しかし、現にある問題をタブー視し、語らない／わからない、教えない／学ばない社会や人々のあいだでは、部落問題が解決されることはないでしょう。問題が問題として認識されないからです。そうした社会を変えていくために、この本があることを思うと、自主規制による地名の匿名化は避けたいと思い、私はこの文章のなかで自分のルーツのある部落の地名を伝えました。具体的な名前や地名は、その人が一人の人間としてこの社会で生きていることの証だと思うのです。

5　自分が変わることから社会を変える

さて、最後に、自分が大切だと思うことを実践しながら生きていきたいと思う私自身の、現時点での「家族」みたいな人たちとの生活について、少し紹介しておきましょう。同じ屋根の下で暮らすのは自分が産んだ子どもです。五歳になる彼女とは「ほぼ」二人暮らし。「ほぼ」と言ったのは、子の生物学上の父である男性は東京と大阪で働いており、月に二回ほど仕事で大阪にやってきますので、ときどき彼も交えた三人暮らしになるからです。

彼とは、法律上の結婚をしませんでした。部落差別をはじめさまざまな差別を温存するこの国の戸籍制度と、その制度のなかに新たな「家」として自分たちを登録する婚姻という行為を、私は望まなかったのです。もし同じ屋根の下で暮らす条件があれば、一緒に暮らしたかもしれません（これは事実婚と呼ばれます）。結局、親密な関係にあろうとも、適度な物理的・精神的距離を置くのがお互いに心地よいと感じる私と彼は、住まいも別、という選択をすることにしました。育児はさまざまな条件から主に私が担うことになってしまいましたが、彼がやってきたときには基本的に任せてなんでもやってもらいます。月に二回ほどは大阪にいる母や、子どもが通う保育園で知り合った友人たちにも助けてもらうなど、案外気ままなシングルマザーライフです。

いま「誰とどんな風に暮らしたい？」と問われれば、娘とのドタバタ生活が繰り広げられている我が家へ、気軽に遊びに来てもらって、娘と遊んだり、ついでにごはんを一緒に作ったり食べたりしてくれる人を増やしていきたい、と私は答えます。私の答えは、娘の成長とともにもちろん変化していくことでしょう。ただ、変化のなかであっても、必ずしも「家族」と名づける必要もない、個人と個人の関係性の豊かさのなかで私は生きていきたいです。娘との間でもお互いを尊重しながら一人の人間同士として語り合ったり、助け合ったりできる関係をつくっていきたいと思っています。困ったときは血縁をベースとした人間同士で抱え込むのではなく、もっと広がりのあるところへSOSを出し、生き抜いていける社会をめざしたいのです。

「部落解放運動は、自分が変わり、周りを変えていくということ」と、私に教えてくれた先輩がいます。知らず知らずに差別に加担してしまうのではなく、社会で何が起こっているのかを知り、自分はどうありたいのかを考え行動すること。そして、他者に波紋を広げていくこと。一人ひとりのそうした実践が、法律や制度、人びとの意識を変えることにつながり、社会は良い方へ変わっていくのだと思います。

●注

（1）部落地名総鑑……一九七五年に「部落地名総鑑」という、部落の地名や所在地、戸数などが記載された図書が上場企業を中心に購入されていたことが発覚しました。採用時に部落の出身者を排除するために使われていたとみられ、法務省が購入ルートなどを調査する一方、回収、焼却処分しました。

（2）詳しくは「ABDARC（アブダーク：Anti-Buraku Discrimination Action Resource Center）～対鳥取ループ裁判支援サイト」（https://www.abdarc.net）を参照。

コラム 1

介護のしやすさという発想

写真（上）は、子育てが終わった高齢のご夫婦のための住まいで、寝室から中庭に向かって撮影されたもの。現在、私は高専の教員をしているが、設計事務所で勤めていた頃に担当した思い出深い住まいである。このような中庭のある住まいは「コートハウス」と呼ばれている。古くはヨーロッパの街並みや京の町屋などに見られたスタイルだが、一九六〇～七〇年代頃には過密化する都市において、少しでもプライベートな庭を確保しようとするために集合住宅や戸建て住宅で流行した。

設計依頼のあったご夫婦は、将来的に子世帯との同居を希望されており、自分たちがこの住まいで誰かしらの介護を受けることになるだろうと予想されていた。その前提に立って、第三者が介護しやすい空間にしてほしいというのが新築における一番の要望だった。

これまでは、本人たちが住みやすい家とはどのようなものか、といった視点に立って計画することが「当たり前」の考え方だったが、この要望はそうした「当たり前」を見直すきっかけとなった設計だ。

介護しやすい空間とするために、寝室には着脱可能な簡易間仕切りを設けている。ご高齢ではあるが夫婦ともに健康なうちは、必要に応じて扉で寝室を仕切ったり開いたりすることができる。お互いにパートナーの気配や存在を感じつつも、空間的には仕切りたいと考えるご夫婦は意外と多いもの。もし固定した壁を作ってしまうと、介護が必要になった場合に改修工事をしなければならないため、それを未然に防ぐための工夫だった。ベッド付近のパネルも自力で着脱可能となっており、介護が必要になった場合には、すべてが取り外された広いスペースが確保されることになる。

また、寝室と中庭は掃き出し窓（大開口サッシ）で連続しているため、ストレッチャー（車輪付き簡易ベッド）が必要な場合には中庭からアクセスすることも可能。さらに、コの字型のコートハウスとなっており、リビングやキッチンから中庭を介して寝室までの見通しが確保されているため、視覚的にも動線的にも見守りやすい関係性が作られている。プライベートの確保がコートハウスの魅力のひとつと考えられていたが、実は、介護のしやすい空間作りにもつながっていたのだ。

住まいを本人たちのために設計することは当たり前、コートハウスを過密な都市におけるプライベート確保のために計画することも当たり前。でも、このように、当たり前を見直すことが新たな発想・アイディアにつながることもある。あなたにとって住まいの「当たり前」は何だろう？

（鯵坂　誠之）

「高松町の家」（東京都立川市）（上）寝室から中庭を望む（正面のリビングルームから中庭越しに寝室を見守ることもできる）。（下）寝室における扉や簡易間仕切りの活用例。すべて外して空間を広げることも可能。

コラム 2

障がい者と家族

私は障がい児者の日常生活を支援する仕事をしている。障がいのある方々とふれあいを深めていくなかで、肢体や知的にどんな障がいがあっても「人には心がある」と強く感じるようになった。

そのきっかけは、超重度障がいのあたるさん（仮名）を担当させていただいたときのことである。あたるさんは、中学二年生のときに、ぶら下がり健康器で遊んでいたところ、ベルトが首に絡まったために窒息し、遷《せん》延《えん》性意識障がいになった。以後、ご家族が長年にわたってお世話をされてきた。

あたるさんが二十四歳のときに、私たちが運営している障がい者通所サービスを利用された。出会った当時のあたるさんは、人工呼吸器を装着し、気管切開し、食事は口から取るのではなく胃《い》に栄養を直接注入するよう胃瘻《ろう》を造設していた。発語もなく、表情の変化もない、そんな状況だった。

通所サービスは、朝から夕方まで施設で過ごしていただくサービスだ。そのサービスを利用されたとき、お母さんは「買い物に行けることがうれしい」と喜んでおられた。

遷延性意識障がいは、ほとんど意思疎通が不可能であるといわれているが、施設利用時には、常にお声がけをしていた。すると、あるスタッフがあたるさんの微妙な動きを察知するようになり、「彼は私に返事をしてくれます」と言い出したのだ。その後、ほとんどのスタッフがその動きを感じ取れるようになったことで、どんな障がいがあっても「人には心がある」と強く感じるようになった。

そんなあたるさんが、初めてのショートステイ（数日間過ごす宿泊をともなう施設）を利用されたとき、なんと円形の脱毛（十円ハゲ）を作って帰ってこられた。ストレスを感じて体に影響が出たのだろう、よく状況等を把握されている証明だなと感じたことがあった。

あたるさんのお母さんは、「よく、かわいそうにといわれることがありますが、この子は決してかわいそうな子ではないんです。幸せな子なんです。だって、これだけ多くの人に愛されているんですから。困難なことも多々あるけれど、この子がいてくれたからこそ、家族がまとまったんです。健康だから愛するわけではない。健康でも障がいがあっても、家族はそれを含めてすべてを愛するんです。気の毒にといわれることもありますが、心は豊かで幸せな家族なんです」と言われる。

みなさんには、障がいのある方と恐れることなくかかわってほしいと思う。「つい傷つけてしまうのでは」「言葉に気を付けないと」などと考えてしまうかもしれないが、そんなことは考えずに積極的にかかわってほしい。本当にかかわらないとわからないことがたくさんあるのだから。

出会う機会があれば、是非、実践していただければありがたい。

（鎌倉　義雄）

注

「害」という文字にはマイナスのイメージがあり適切ではないと考え、ひらがな表記とし「障がい者」「障がい」としています。

第2部

教育

第3章

学校の「フツウ」のなかにある平等と不平等

決まりを守ること・能力に応じた進路に進むこと

土田　陽子

1　学校の「フツウ」

「学校とはどういうところでしょうか?」

教員免許取得にかかわる授業で私がこのような質問をすると、学生たちは決まって、まず「勉強するところ」と答えます。「他には?」と問うと、「運動をする」「テストがある」「成績をつけられる」「友達をつくる」「部活がある」「協調性を身につける」「上下関係を学ぶ」「集団行動」「コミュニケーション能力を身につける」「校則がある」「進路を選択する」「入試がある」などが出てきます。学生たちの答えがだいたいいつも同じであることから、これらがどこの学校でも「フツウ」に行われていることであることがわかります。

一方で、何が「フツウ」かをめぐって意見が激しく対立することもあります。二〇一七年と二〇一八年にも、学校教育の「フツウ」をめぐる話題が世間の注目を浴びました。ひとつは頭髪の黒染め強要訴訟、もうひとつは東京医科大学の入試における不平等な採点基準の発覚です。この二つの話題はマスコミで大きく取り上げられたので知っている人もいるかもしれません。

この章では、上記の出来事を含め、一九八〇年代以降に学校の「フツウ」をめぐって争われたいくつかの訴訟を取り上げます。その際、特に「学校の決まりを守ること」と「能力に応じた進路に進むこと」の二点に注目し、それが本当に「フツウ」のことなのかどうかを探っていきたいと思います。

2　「決まりを守ること」

ひとつめの「学校の決まりを守ること」から考えていきましょう。

「校則やルールは必要。そんなの当たり前」と考える人は多いと思います。私も集団生活を送る上で、ある一定程度の決まりは必要だと思っています。しかし学校の決まりのなかには、本当に必要なのかどうかよくわからないものや、何のために決められているのかわからないものもあります。なかには、学校の決まりを守らなければならないことで苦痛を感じる人もいます。

最初に、「決まりを守ること」という学校の「フツウ」のなかにある平等と不平等の問題について、過去の出来事を振り返りながら考えてみましょう。

(1) 丸刈り訴訟

理不尽な校則といえば、髪型に関するものが上位にあがるかもしれません。私が一九八〇年代に通っていた私立中学・高校でも、男子の髪型は校則で丸刈りと決まっていました（今はもう違います）。女子は髪が肩にかかる前に、黒か紺か茶色のゴムで、三つ編みか二つ結びにしなければいけませんでした。当時流行っていたポニーテールなどのひとつ結びはダメだったのです。少し不満でしたが、男子の丸刈りに比べればまだマシだと思っていました。丸刈りなのは仏教系の学校だからそう決まっているのかなと思っていたのですが、大学に進学してから、公立中学でも丸刈りの学校があることを知ってものすごく驚いたのを覚えています。

頭髪指導にかんする訴訟が最初に起こされたのは、一九八三年です。熊本県の中学生とその両親が、中学校の校長と町を相手に訴訟を起こしました。朝日新聞の記事（一九八五年一一月一三日付）[1]によると、訴えの内容は、「中学校が校則で男子生徒に丸刈りを強制するのは基本的人権を侵害し、憲法違反だ」というもので、校則無効確認と慰謝料一〇万円を求めたというものでした。

公立中学校で丸刈りが強制されていたのは、訴訟があった熊本県だけではありませんでした。関西では兵庫県、中部では愛知県、関東では千葉県が、丸刈り校則が多いことで有名でした。

裁判の結果は、原告（中学生側）の敗訴でしたが、この裁判が起こってから、地域によっては丸刈り校則について正面から議論をはじめ、その結果、丸刈り校則を廃止する学校が出てきました。また、校則の見直しにかんする市民運動も活発になり、丸刈り校則や体罰を含む厳しすぎる生徒指導を人権の観点から批判する声が大きくなっていきました。

校則や生徒指導のあり方を考えるさらに大きな契機となったのが、朝の校門指導によって女子生徒の命が失われた校門圧死事件です。一九九〇年に神戸の公立高校で、遅刻取り締まりのために勢いよく閉めた校門に女子生徒の頭が挟まれて死亡するという事件が起こりました。「遅刻をしてはいけない」と指導すること自体に問題はないでしょう。批判を浴びたのは、遅刻と同時に生徒を締め出してし

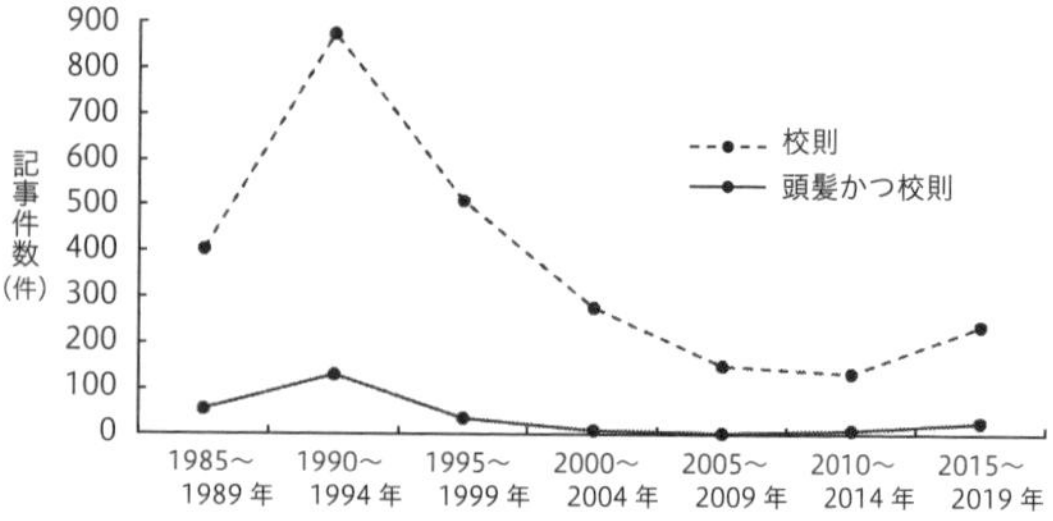

図1　校則に関する記事数の推移

まうという強引な方法でした。この事件をきっかけに、規則の守らせ方や厳しい生徒指導に対する世間の批判がさらに強まりました。

　校門圧死事件の翌年、文部省（現在の文部科学省）によって校則にかんする調査が実施され、その後校則見直しを指導する通知が出されました。さらに一九九四年に日本が「子どもの権利条約」に批准したことも、子どもの人権に対する意識を高める方向に動きました。

　朝日新聞のデータベースを使って一九八五年以降にどのくらい頭髪指導やその他の校則の問題が新聞で取り上げられたのか確認してみると[2]、頭髪を含む校則に関する記事は一九八〇年代後半から一九九〇年代前半にかけて倍増し、一九九〇年代後半から二〇〇〇年代にかけて急減しています。二〇〇〇年代に入ってからは、校則問題が世間の関心を集めることはさほどありませんでした（図1）。

（2）黒染め強要訴訟

　再び校則の問題が世間の注目を浴びるきっかけとなったのが、二〇一七年九月に起こされた黒染め強要訴訟です。生まれつき髪の色が茶色いのに、学校の決まりとして黒く染めるように教員らに何度も指導をされたとして、高校三年生の女子生徒が大阪府を相手取り二二〇万円の賠償を求める訴訟を大阪地裁に起こしたのです。

　新聞報道[3]によると、この女子生徒は中学生のとき、学校の指導で学校行事の際だけ髪を黒く染めていたそうです。しかし、高校入学後は「生徒心得」の「パーマ、染色、脱色は禁止する」という記載内容を理由に、地毛に戻すことが認められなくなりました。地毛が伸びてくるたびに黒染めをするために髪が傷み、頭皮のかぶれで痛みも感じていましたが、一、二週間ごとに黒染め指導があり、「不十分」としてやり直しを命じられることもあったようです。また文化祭や修学旅行は茶髪を理由に参加させてもらえなかったとのことです。二〇一六年九月、「指導に従えないなら授業は受けさせられない」などと言われ不登校になり、三年生になった二〇一七年四月には名簿から名前が消され、教室から席もなくなりました。学校は他の生徒や保護者に、当該女子生徒は退学したと虚偽の説明をしていたようです。本人は、学校に通えなくなったことで大学進学の目標が遠のいたと述べています。

(3) 学校はなぜ頭髪をコントロールしようとするのか

学校はなぜ生徒の頭髪指導にここまで力を入れるのでしょうか?

一九八〇年代の丸刈り訴訟のときの学校側の言い分は、丸刈り指導は生活指導の一環であり、①生徒の非行化を防ぐため、②中学生らしさを保たせ周囲の人々との人間関係を円滑にするため、③質実剛健の気風を養うため、④清潔さを保たせるため、⑤スポーツをする上での便宜をはかるため、というものでした。その他、髪の手入れに時間をかけ遅刻をする、授業中に櫛《くし》を使うと授業に集中しなくなる、帽子や自転車通学時のヘルメットを着用しなくなる、整髪料の使用によって教室内に異臭が漂うようになる、といった弊害を除去する目的もあることが述べられていました(4)。

この時代、暴走族やツッパリ、ヤンキーと呼ばれる若者たちの非行行為や校内暴力が社会問題化していました。彼らのなかには、染色・脱色で髪の色を変化させ、パーマや整髪料で髪型を加工する者が少なくありませんでした。学校側は校則により髪型を規制することで、非行化の芽を摘みたかったのだろうと考えられます。

裁判で学校側は、丸刈り校則には教育的な意義と効果があると主張していました。つまり、学校側があらかじめ望ましい「中学生」を想定していたことがうかがえます。ここでいう「中学生らしさ」とは、学業や部活動に励み、親や教師に反抗せず、おしゃれなど学校生活に必要のないことに興味をもたない、質実剛健で清潔な中学生です。この理想的な生徒がどれほど実在していたのかわかりませんが、こういう生徒は教師たちにとっては管理しやすく扱いやすい生徒といえるでしょう。

丸刈り訴訟の判決文には、「丸刈りが中学生にふさわしい髪型であるという社会的合意があるとはいえず、スポーツをするのに最適ともいえず、頭髪の規制で直ちに生徒の非行が防止されると断定されることもできない。その教育上の効果については多分に疑問の余地がある」とありました。本裁判は、「丸刈り強制は憲法違反とまではいえない」という理由で原告敗訴となりましたが、この判決文からは、教師側が主張していた丸刈りの教育効果には大いに疑問の余地があると、裁判官も認めていたことがわかります。

黒染め強要指導については、二〇一九年一一月現在裁判中(5)であるため、学校側の言い分の詳細はわかりません。明らかになっているのは、「頭髪は黒」という学校側が考える「フツウ」をすべての生徒に当てはめようとし、自分たちが設定したルールから外れることを許さなかったことです。

丸刈り訴訟と黒染め強要訴訟、この二つの事例に共通しているのは、教師側はルールそのものの合理性や妥当性よりも、「ルールを守る」「指導に従う」という生徒側の態度のほうに意味を見出しているように感じられる点です。

（4）二つの訴訟の争点

では、丸刈り訴訟と黒染め強要訴訟で、生徒側は何を問題として訴えていたのでしょうか？

丸刈り訴訟が訴えたのは、不平等の問題と基本的人権の問題です。不平等な点のうち一つは、地域によって丸刈りを強制する中学とそうでない中学がある点です。公立中学は校区が決められています。住んでいるところで通う学校が決まるのですから、自分の力ではどうすることもできません。〝たまたま〟違う校区に住んでいれば丸刈りにせずにすんだかもしれないのです。二つめは、男子にだけ丸刈りが強制される点です。性別も自分の力で決めることができません。これも〝たまたま〟男子に生まれたがために丸刈りを強制されたことになります。

基本的人権については、髪型の強制が表現の自由の侵害にあたる、という訴えがありました。表現の自由という点をもっと広げて考えてみると、私のかつての同級生男子のことが思い出されます。頭のかたちにコンプレックスをもっている男子が丸刈りを嫌がっていたのです。当時十代の頃の私は、「男子は見た目にそれほどこだわらないのがフツウ」と思っていたので、その同級生がどれほど嫌な思いをしていたのかに思い至ることはできませんでした。表現の自由というと「表現する＝見せる」自由のことだと思うかもしれませんが、逆に自分が人に見せたくない部分を「隠す」自由もあってよいはずです。それは、誰かの自由や権利を侵すことにはなりません。本来、誰かの自由や権利を侵害しなければ、個人の表現の自由は基本的人権として憲法で保障されています。しかし学校ではそれが許されていないのです。

二つめの黒染め強要訴訟では、「黒染めの強要は、生まれつきの身体的特徴を否定し、人格権を侵害する」「度重なる黒染めで頭皮がかぶれたことで精神的苦痛を受けた」というのが主な訴えの内容です。この女子生徒は、〝たまたま〟茶色い髪色で生まれました。これは本人の責任ではありません。毛染め剤が肌に合わずかぶれやすい(6)のも、体質ですからどうしようもありません。新聞報道によると、学校側は女子生徒側の弁護士に、「たとえ金髪の外国人留学生でも規則で黒染めさせることになる」と説明したそうですが、国際化が進み、外国にルーツをもつ子どもが増えているなかで、「髪の色は黒がフツウ」を押し通すのは無理があります。

また、重大な問題点は、ルールに従っていないということを理由にこの女子生徒の授業への出席を学校側が許さず、学校行事への参加を拒み、結果として女子生徒が不登校になってしまったことです。これは、女子生徒の教育を受ける権利を教師たちが侵害したとみなすことができるでしょう。

（５）謎ルールの増加と学校が考える「平等」な指導

黒染め強要訴訟は、新聞、雑誌、テレビメディアだけでなく、ＳＮＳや海外メディアでも取り上げられました。この動きを受けて、不合理な学校のルールを「ブラック校則」と名づけた「ブラック校則をなくそう！プロジェクト」が立ち上がり、署名活動や実態調査が行われました。この調査からは、若い世代ほど、丸刈り校則時代に行われていたような、時に体罰をともなうハードな指導を受けた経験が減っていることがわかりました。その一方で、若い世代には、下着の色指定およびそのチェック、水泳の際の日焼け止めクリーム禁止、寒くてもタイツ禁止、置き勉（教科書や資料集等を学校に置いて帰ること）禁止、眉を整えることの禁止等々、謎のルールや規制がむしろ増えていたことが明らかになりました（荻上・内田二〇一八）。

下着の色チェックをセクシュアル・ハラスメントと感じる人がいても不思議ではないでしょうし、日焼け止めクリームを塗らなければ肌に炎症を起こす人もいます。寒さの感じ方も人それぞれでしょう。その他も生まれつきの体質や体力、身体的な特徴によって、学校が設定するルールを苦痛に感じる人がいます。にもかかわらず、「決まりだから」という理由で、全員一律にルールが適用されているのです。学校側はそれを平等な指導だととらえているようです。

しかし考えてみれば、上記のようなルールが一般社会のなかで強要されることはまずありません。学校の「フツウ」は社会の「フツウ」とズレているのです。このズレた「フツウ」が、「みんなを同一に扱う」という学校現場独特の平等主義の考えによって、一律に押し付けられています。そこでは個々の事情はないことにされるか無視されることになります。これは平等の皮をかぶった不平等といえるかもしれません。

3　「能力に応じた進路に進むこと」

では次に、学校の「フツウ」の二つめとして、「能力に応じた進路に進むこと」について考えてみましょう。

「能力に応じた進路に進むこと」は、教育を受ける権利として、日本国憲法や教育基本法という法律で保障されています。たとえば教育基本法第四条には「すべて国民は、ひとしく、その能力に応じた教育を受ける機会を与えられなければならず、人種、信条、性別、社会的身分、経済的地位又は門地によって、教育上差別されない」（傍点筆者）とあります。しかしこの権利が侵害されていたことが、東京医科大学の事件で明らかになりました。

（1）医学部入試における選考基準問題

二〇一八年七月、文部科学省の局長が息子を裏口入学させた汚職事件をきっかけに、東京医科大学の入試における点数操作が明らかになりました。この問題も、二〇一九年六月に元受験生たちが集団訴訟を起こしています。

実際にどのような得点操作が行われたかというと、ひとつは同大卒業生の子弟に対する一次試験結果への加算です。これは大学への寄付金を期待できることが関係しているといわれています。もうひとつが、三浪までの男子受験生への二次試験での優遇措置です。東京医科大学内部調査委員会が作成した調査報告書[7]（二〇一八）によると、二次試験の小論文で受験生の属性に従い加点（現役から二浪までの男子二〇点、三浪男子一〇点、四浪男子〇点、女子〇点）を行う得点調整が、少なくとも二〇〇六年度入試から行われていたことが判明しました。すべての女子受験生と四浪以上の男子受験生が不利に扱われていたのです。これではフェアな試験といえません。

この騒動のなかで、他の医学部入試でも同様の問題が起こっているのではないかとの指摘が上がり、調査の結果、私立大学だけでなく国公立大学の医学部でも女子受験生に対する不適切な採点基準が存在していたことがあらわになりました。なぜ、いずれも特に女子をターゲットに排除しようとしたのでしょうか？

この事件もニュースや新聞でたくさん取り上げられました。大学側の言い分はおよそ次のようなものです。

大学側には、まずそもそも「男子をたくさん入学させたい」という思いがありました。理由は、「女子は出産や育児で医療現場を離れるケースが多い。医師不足を解消するための暗黙の了解[8]」というものでした。別の私立大学医学部では、「女性の方が精神的な成熟が早く、男性より相対的にコミュニケーション能力が高い傾向があるため、大学入試時点における女子受験者に対する面接評価の補正を行う必要があった(9)」と説明しています。あなたは、「なるほど、もっともだ」と思うでしょうか？　それとも、「そんなのおかしい」と思うでしょうか？

　こうした女子排除の理由に合理性が認められないことは、第三者委員会の報告書で明確に述べられています。妊娠・出産できるのは女性だけですが、すべての女性が妊娠・出産するわけではありません。また当然のことながら、コミュニケーション能力の高い男子受験生もいます。つまり、平均値を根拠として個人に不利な判断をするという統計的差別が、いくつかの医学部入試でまかり通っていたのです。

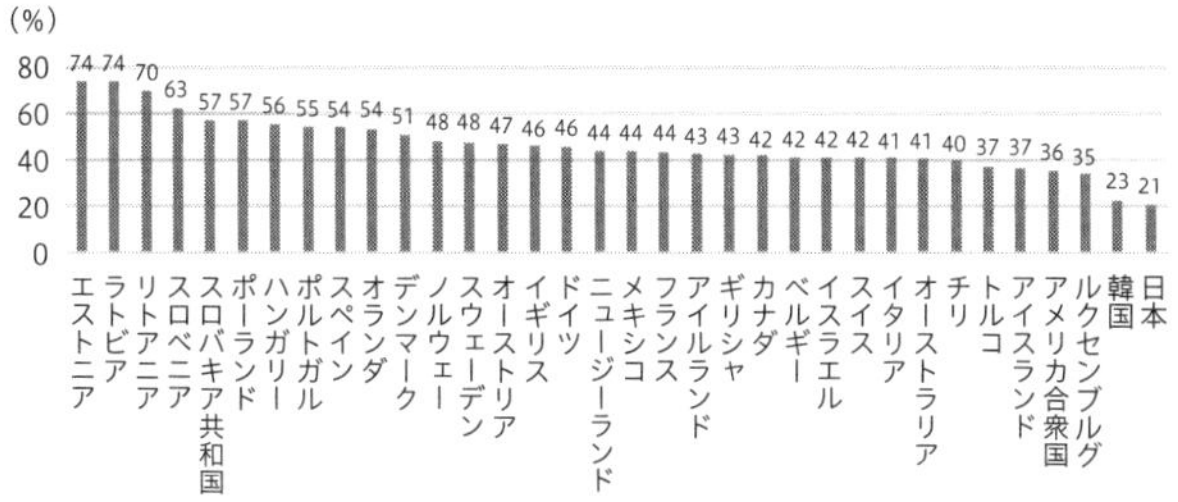

（注）調査年は2016年

（資料）OECD Health Statistics（2019）より作成

図２　女性医師比率の国際比較

　この背景にあるのは、医療業界における構造上の問題です。医師が激務であることは近年よく知られてきていますが、激務であるがゆえに、出産・育児で職場を離れる可能性がある女性が増えると医療現場を維持することができない、だから女性医師の増加は避けたい、という論理が医師の世界には「フツウ」にあったようなのです。

　しかし、日本の医療業界の「フツウ」が万国共通の「フツウ」ではないことは、国際比較をすればわかります。図2はOECD（経済協力開発機構）加盟国における女性医師比率をグラフ化したものです。

　エストニアやラトビア、リトアニアなどの東欧諸国では女性医師比率が七〇％を超えています。多いのは四〇％～五〇％台の国です。一方で韓国（二三％）や日本（二一％）は二〇％台と非常に低い値です。どうやら、日本の「フツウ」は国際社会の「フツウ」とズレているようです。東京医科大学とその他の大学医学部で行われていた女子に対する不利な得点操作は、このズレた「フツウ」を維持しようとする人たちの都合を、最も公正公平でなければならない入学試験という場に持ち込んだものと考えることができるでしょう。

（2）進学・非進学の平等と不平等

　ここまでは、医学部入試における女子に対する不平等な採点基準の問題を取り扱ってきました。ここからはもっと大きな視点から、「能力に応じた進路に進むこと」の平等と不平等の問題について考えてみたいと思います。

次に挙げるのは何の順位でしょうか？

一位　東京都、二位　京都府、三位　山梨県、四位　奈良県、五位　大阪府……四三位　宮崎県、四四位　鹿児島県、四五位　岩手県、四六位　大分県、四七位　沖縄県

答えは、四年制大学進学率（以下、大学進学率）です。表1は、平成三〇年度における都道府県別の大学進学率について、上位・下位七県を男女計と男女別にまとめたものです。

この表からは次の二点が読み取れます。一点目は大学進学率の地域格差が非常に大きいこと、二点目はほとんどの地域で女子よりも男子の大学進学率のほうが高いという男女格差が存在していることです。

地域格差からみていきましょう。上位七位までのグループは大都市圏および大都市圏へのアクセスが容易な地域に集中しており、下位七位までのグループは東北地方と九州・沖縄地方に偏っています。進学率トップの東京都は大学進学率が男女計で約七三%もありますが、最下位の沖縄県は約三八%であり、東京都のおよそ半分くらいの進学率しかありません。このなかで注目したいのが秋田県です。秋田県は文部科学省が毎年行っている全国学力テスト（小学六年生、中学三年生対象）において、トップクラスの成績をおさめる常連県で有名です。それなのに、秋田県の大学進学率の順位は下から六番目に位置しているのです。

二点目の男女格差については、東京都と（表1にはありませんが）徳島県を除くすべての都道府県でみられます。たとえば山梨県の大学進学率は、男子は二位で約

表1　都道府県別　4年制大学進学率

	計	%	男子	%	女子	%
1位	東京都	72.7	東京都	72.2	東京都	73.2
2位	京都府	65.5	山梨県	68.7	京都府	63.2
3位	山梨県	61.0	京都府	67.8	兵庫県	54.7
4位	奈良県	58.6	奈良県	62.9	奈良県	54.0
5位	大阪府	56.2	大阪府	60.5	広島県	53.4
6位	兵庫県	55.6	千葉県	57.6	山梨県	53.0
7位	神奈川県	55.3	埼玉県	57.6	大阪府	51.8
：	：	：	：	：	：	：
：	：	：	：	：	：	：
41位	山形県	39.5	宮崎県	41.9	岩手県	37.6
42位	秋田県	39.5	長崎県	41.5	佐賀県	37.5
43位	宮崎県	39.0	山形県	41.2	沖縄県	36.6
44位	鹿児島	38.9	大分県	41.0	宮崎県	36.1
45位	岩手県	38.5	秋田県	40.9	福島県	35.9
46位	大分県	38.5	岩手県	39.4	大分県	35.8
47位	沖縄県	37.7	沖縄県	38.6	鹿児島県	34.1

（資料）文部科学省「平成30年度　学校基本調査」より作成

大学進学率（過年度卒を含む）＝ 大学入学者数 ／ 18歳人口（3年前の中学校卒業者および中等教育学校前期課程修了者）

六九％ですが、女子は一六位で五三％と、その差は約一六ポイントもあります。

では、大学進学にみられる格差の背景には何があるのでしょうか？　これらには大学設置率（＝学生の収容力）と、進学に対する親や本人の価値観・意識が関係しているといわれています（友田　一九七〇、朴澤　二〇一六、松岡　二〇一九など）。

そもそも自宅通学できるところに大学がなければ、それだけで大学進学のハードルは高くなります。また、大学卒の学歴を生かせる仕事が多い地域かどうかや、親の学歴や教育熱心度も進学率と関連があるとの指摘があります（朴澤　二〇一六、松岡　二〇一九）。一方で、大学に進学しないほうがむしろ「フツウ」という地域もあります。

さらに男女格差については、進学先の違いも関係しています。女子の場合、短期大学や専門学校に進学する人が男子よりも多く、これらを含めると男女の高等教育進学率はだいたい同じくらいになります。女性が多い看護師や栄養士、保育所・幼稚園の先生、美容師、歯科衛生士は、主に短期大学や専門学校で養成されています。これらの短期高等教育機関は大都市圏だけでなく地方にも多く設置されているので、自宅通学可能な場合が多いのです。こうした進学行動は、費用対効果を考慮に入れた「合理的な選択」として説明できますが、これら女性職と呼ばれる職種の賃金は、看護師を除くと概ね平均賃金よりも低いことが指摘されています（賃金構造基本統計調査　二〇一七年調査）。

（３）能力に応じた進路に進めないのは誰の責任か？

さて、ここまで大学進学率の地域格差と男女格差について説明してきました。もちろん、大学進学を「フツウ」ととらえる地方在住者は性別にかかわらず一定数いますし、たとえ大都市圏に生まれ育っても、世帯収入が低く、さらに親の理解も得られなければ男女を問わず大学進学は厳しいでしょう。そうすると、本人の能力や努力以外のところはすべて親の責任なのでしょうか？

インターネット上で、「親ガチャ」という言葉をみることがあります。どのような親のもとに生まれるかで人生は大きく違ってくるけれども、それはソーシャルゲームの電子くじ（ガチャ）と同じで運次第だということです。この言葉が一定の共感をもって使われているのは、私たちがこういう社会をどこか「フツウ」と思って生きていることを意味しています。しかし考えてみてください。人の人生が自ら選びようのない要素で大きく左右される社会は、社会のあり方としてどうなのでしょうか。

4 今、起こりつつある変化

本章では「学校の決まりを守ること」「能力に応じた進路に進むこと」という学校生活の「フツウ」を手がかりに、平等と不平等の問題について考えてきました。「フツウ」と思っていたことのなかに、取り組むべき課題があることがみえてきたのではないでしょうか。

しかし世の中は止まったままではありません。新しい動きがみられます。

「学校の決まりを守ること」にかんしては、一例として東京都千代田区の麹町中学校の取り組みが注目されています。これまで「当たり前」とされてきたことに本当に意味があるのかどうかを見直した結果、「服装頭髪指導を行わない」ことにしただけでなく、「宿題を出さない」「中間・期末テストの全廃」「固定担任制の廃止」も行うようにしたというのです（工藤 二〇一八）。さらに、今回の黒染め強要訴訟を契機に、校則の見直し作業をはじめた自治体や個々の学校が一気に増えました[10]。

また、「能力に応じた進路に進むこと」については、平等（equality）と公正（equity）の議論が参考になるでしょう。

図3の左側の図は、すべて同じ大きさの踏み台を与えることを平等(equality)としています。それに対して右側の図は、それぞれの事情に合わせて踏み台を組み替えることで、さらに一歩進んだ公正(equity)な状況を作り出せることを示しています。

（出典）http://www.theinclusionsolution.me/staywoke-live-inclusively-equity-vs-equality/ を元に作成

図3　平等と公正

進学費用の面でいうと、日本学生支援機構による貸与型の奨学金制度が従来からあります。自宅生と下宿生で貸与額に違いはあるものの、すべて借金であることは同じです。そこで平成二九年度から、自宅生と下宿生で給付額が異なる給付型の奨学金制度がはじまりました。国の政策が一歩進んだといえるでしょう。しかしこの制度も、給付対象者の人数や選定方法にまだまだ課題が残っています。

みなが安心して「フツウ」に教育を受けることができるにはどうすればよいのか、国レベル、自治体レベル、学校レベル、個人レベルで、考えていく必要があるのではないでしょうか。

●注

（１）『朝日新聞』東京夕刊「丸刈り強制校則は適法　男女の差は合理的　熊本地裁判決」一九八五年一一月一三日付

（２）『朝日新聞』東京本社版と大阪本社版の朝刊と夕刊（地域面も含む）を用いて、検索キーワードを「校則」と「校則かつ頭髪」とし、一九八五～二〇一九年を対象に見出しと本文の検索を行った。

（３）『毎日新聞』大阪夕刊「損賠訴訟：地毛茶髪、黒染め強要　高三提訴　心身に傷、不登校に　修学旅行締め出し　大阪の府立高」（二〇一七年一〇月二七日付）

（４）一九八五年一一月一三日、熊本地裁判決『判例時報』一一七四号、四八頁

（５）『朝日新聞デジタル』（「校則・黒染め指導、違法性は否定　原告側は控訴を検討」二〇二一年二月一六日二一時三三分配信）によると、大阪地方裁判所は校則や黒染め指導については違法性がないとしたが、学級名簿に名前を載せなかった学校側の行為などは「著しく相当性を欠く」として違法とした。控訴審判決は大阪地裁判決を支持するもので、生徒側の控訴を棄却したが、裁判長から「規則を守らせること自体が目的化していないかなど、指導のあり方を常に検証し、よりよい教育指導を目指す不断の努力が求められる」との言及があったという（『朝日新聞デジタル』「黒染め指導、二審も「適法」　大阪高裁「指導のあり方、常に検証を」」二〇二一年一〇月二八日　一六時〇〇分配信）。

（６）『毎日新聞』「損賠訴訟『髪染め強要で不登校』高三、大阪府を提訴」（二〇一七年一〇月二七日付）

（７）東京医科大学内部調査委員会（二〇一八）「調査報告書」http://www.tokyo.med.ac.jp/news/media/docs/20180806houkokusho.pdf#search

（８）『朝日新聞デジタル』「東京医大、女子受験者を一律減点　受験者側に説明なし」（二〇一八年八月二日一一時五九分配信）

（９）順天堂第三者委員会（二〇一八）「緊急第一次報告書」http://www.juntendo.ac.jp/albums/abm.php?f=abm00027789.pdf&n

（10）文部科学省は二〇二一年六月八日付で「校則の見直し等に関する取組事例について」という事務連絡を全国の教育委員会に出し、各地の取り組み例を紹介している。通知文には「学校が教育目的を達成するために必要かつ合理的な範囲内において定められるもの」「教員がいたずらに規則にとらわれて、規則を守らせることのみの指導になっていないか注意を払う必要がある」とした上で、学校や地域の実態に応じて、校則の見直し等に取り組むよう要請している。

■参考文献

朴澤泰男（二〇一六）『高等教育機会の地域格差――地方における高校生の大学進学行動』東信堂
工藤勇一（二〇一八）『学校の「当たり前」をやめた。――生徒も教師も変わる！公立名門中学校長の改革』時事通信社
松岡亮二（二〇一九）『教育格差――階層・地域・学歴』ちくま新書
荻上チキ・内田良（二〇一八）『ブラック校則――理不尽な苦しみの現実』東洋館出版社
友田泰正（一九七〇）「都道府県別大学進学率格差とその規定要因」『教育社会学研究』第二五集、一八五―一九五頁

第4章

学校の外でも学び・過ごせるために

学校に行けない・行かない子の権利の保障を考える

藤根　雅之

1　不登校への感覚

本章では、不登校に着目し、教育について権利の観点から考えていきます。よくあるような「なぜ不登校になってしまうのか」とか、「不登校にさせないにはどうすればいいか」みたいなことは扱いません。不登校を「ずるい」ととらえる考え方からアプローチしていこうと思います。

私は大学の教職科目で、不登校のことについて話したり、不登校の子たちが学校以外の場で学んだり過ごしたりすることについて話したりします。その際に受講生のコメントでよく寄せられるのが、「ちゃんと学校に行かないなんて、ずるいじゃないか」というものです。みなさんも不登校に対してそんな感覚はないでしょうか。あるいは、自分が学校を休んでいてそんな風に思われているんじゃないかと感じたことはないでしょうか。

以下ではこの「ずるい」という感覚から、不登校と教育・学習について、そして学校外の居場所や学習の場であるフリースクールの活動について、特に権利という観点から考えてみましょう。

（1）ちゃんと学校に行かないなんてずるい

不登校とは、学校に通わない子やその状態を指す言葉です。文部科学省は現在、「不登校」を「何らかの心理的、情緒的、身体的、あるいは社会的要因・背景」による年間三〇日以上の欠席者のうち「病気」や「経済的理由」による者を除いた者として把握しています。二〇一八年度の不登校の数（割合）は、小学生が四万四八四一人（〇・七％）、中学生が一一万九六八七人（三・六％）、高校生は五万二七二三人（一・六％）です。中学生は約三〇人に一人が不登校の計算になり、一クラスに一人はいることになります。みなさんのこれまでの学校経験において、身近にいた、あるいは自分がそうだったという方もいるかと思います。またテレビや新聞などのメディアにおいても、不登校について取り上げる番組や記事がいくつもあります。

ここで問題になるのが、不登校は「病気」ではなく「経済的理由」もないけれど学校に行かないということです。つまり、学校に行けない「正当な理由」がないともいえます。そうはいっても、いろんな理由で学校に行けない子はいます。思いつくのが「いじめ」の問題でしょう。「いじめ」で苦しんでというのは「正当な理由」といえるでしょう。しかし、文部科学省の調査によれば、「いじめ」が要因となっているのは、小・中学生の不登校の〇・六％にすぎません。どんな要因が多いかというと、「家庭に係る状況」が三七・六％、「いじめを除く友人関係をめぐる問題」が二七・八％、「学業の不振」が二一・六％となります。[1] 多くの不登校は「いじめ」で苦しんで行けないのではなく、「友人関係」や「学業不振」という、学校に通っていたらみんな経験するであろう理由で行かないとみなされていることがわかります。[2]

みんなは学校に行っているのに「正当な理由」もなく行っていないやつがいる。どうです、「ずるい」と思いませんか。

（２）フリースクールに行くなんてずるい

近年、フリースクールと呼ばれる活動が不登校への支援として注目されています。その特徴は、学校がある時間帯（平日の昼間）に、学校に通う年齢の子どもを中心に受け入れている点です。フリースクールは、不登校の子どもたちに学校に戻ることを強制しない、安心して過ごせる場として理解されていて、学校で傷ついて通えなくなった子が癒される場として取り上げられることが多いです。フリースクールの多くが「居場所」と呼ばれる所以です。

文部科学省が二〇一五年に行った「小・中学校に通っていない義務教育段階の子供が通う民間の団体・施設に関する調査」では、フリースクールなどの団体・施設は国内に三一九確認されています。それぞれの活動は多様でまとめるのは難しいのですが、いくつかの調査を概観すると、多くは都市部にあり、子どもの数は二〇人以下、働くスタッフの人数は一〇人以下の所が多く、スタッフの三割ほどが無給のボランティアであることなどが明らかにされています（藤根・橋本 二〇一六、本山 二〇一五など）。二〇一五年度の不登校児童生徒数のうち、こういった場の利用が確認されたのは小学生が六・七％、中学生が二・四％になります。フリースクールを利用する子は少数派といえるでしょう。

文部科学省通知「不登校児童生徒への支援の在り方について」（二〇一九年一〇月）では、不登校への支援としてフリースクールを含めた学校外の機関の活用について述べられています。フリースクールでの活動日数を学校での出席日数として扱うことや、フリースクールへ通うことに対して「学割」の定期券を発行することができる制度もあります。つまり、学校に行かなくてもフリースクールに行けば出席日数も減らないわけです。また、「ふつう」の高校を卒業しなくても通信制で単位を取ったり「高校卒業程度認定試験」という試験に合格すれば、大学や専門学校などの入試を受ける資格を得られる制度ができています。こういう制度を「不登校トラック」と呼ぶ人もいます（山田二〇一〇）。陸上競技などで選手が走るコースを指す「トラック」の比喩です。

みんなが頑張って行っている学校に行かなくても、頑張らずに安心しながら将来の進路が開かれているなんて「ずるい」と思わないでしょうか。

2.「ずるい」をちょっと考えてみる

(1) 理不尽なルールによって作られる「ずるい」やつ

ここで考えてみたいことがあります。不登校やフリースクールで過ごす子を「ずるい」と感じるこの感覚についてです。私たちはどんなときに「ずるい」と感じるのでしょうか。誰かに対して「あいつはずるいやつだ」と思ったことは、みなさん多々あるかなと思います。しかし、「ずるい」と「悪い」や「間違っている」とは何が違うのでしょうか。たとえば、教師は自分の教える「しょっちゅうルールを破る生徒」を「あいつは悪い生徒だ」と言うかもしれませんが、「あいつはずるいやつだ」と言うでしょうか。どちらかというと、「ずるい」は同じ児童・生徒同士の間で使われる言葉ではないでしょうか。

そういう関係性から「ずるいやつ」を捉えると、「ずるいやつ」があらわれる条件が見えてきます。それは、「ルールが決められている」という状況です。第3章にもありますが、学校にはさまざまな理不尽なルールがあります。そんな中である子に対して「ずるい」と感じるのは、「自分はルールを守っているのにあいつは守っていない」という時ではないでしょうか。ここで大事なことは、ルールを守っていない子を「ずるい」と言っている子も、そのルールを守ることを「嫌だ」と思ったり、違和感や疑問を持っているという点です。要するに「自分は我慢している」ということが、ある人物やその人のある行動を「ずるい」と感じる要因となっていることがわかります。

では、学校で最も大きなルールとはなんでしょうか。それは、「毎日登校・出席すること」だと私は思います。それは当たり前すぎておそらく校則にも書いていないでしょうが、そもそもの学校のルールだといえます。

教育社会学者の森田洋司は、学校に行っている子も含めて、調査をした中学二年生の七〇・八％が、なんらかの頻度で「学校に行くのが嫌になったことがある」と回答したと調査で明らかにしました（森田 一九九一）。多くの子は「学校に登校する・出席する」というルールを守っていながら、そのルールを「嫌だ」と思っている、要するに「我慢している」といえます。

「自分はちゃんと我慢して学校に行っている（行っていた）のに、あいつは理由もなく休んでる、ずるい」という感覚を多くの人たちがもっているという状況が、不登校が「ずるい」と名指される要因だといえます。つまり、不登校を「ずるい」やつたらしめている要因は、理不尽なルールがいくつもある学校教育にあるといえます。

（２）理不尽なルールへの「逃げる」という対処法

そんな、「嫌だ」と思うルールに対して、私たちはどうすることができるでしょうか。おそらく多くの人々が行っている「耐える」という方法、あるいは「ヤンキー」や「やんちゃな子」と呼ばれる人々が採用する「反抗する」という方法、そして理不尽なルールをより良く変えようと生徒会活動などを通じて「要求する」という方法などがあるでしょう。

しかし、ルールがおかしいのであれば、そんなルールが課せられる集団や空間から離れる、つまり「逃げる」ということも、至極合理的な判断ではないでしょうか。それは意図的に脱出することや、立ちすくんで行けないということも含みます。「ゆたぼん」と名乗る「不登校YouTuber」が『琉球新報』（二〇一九年五月五日）の記事で述べているように、ルールに従うことが「ロボットに見える」ように感じ学校に行かないことを決意する場合もあれば、不登校経験のある野田彩花さんの自身についての語りにあるように、ルールに従えているかどうかを管理され続けて感情や精神がすり減り、学校に行けなくなることもあるでしょう（野田 二〇一七）。もちろん、どちらかにハッキリと区別できないが行かないということもあると思います。

では学校から逃げた場合、どうやって教育を受ければいいのでしょうか。現代の日本社会において、子どもの教育を受ける権利を保障する機関は、学校教育だけしか想定されていないといえます。なので子どもが不登校になると保護者や教師は大騒ぎし、なんとか学校に行かせようとするといえるでしょう。

でも実は、学校の外にも学習する機会は多々あります。そのひとつがフリースクールになります。

3 フリースクールという自治の空間

（1）自分たちでルールを「作る」

社会学者でありフリースクールのスタッフである朝倉景樹は、フリースクールでの日々の活動を調査し、不登校を経験した子どもたちが、自分たちがやりたいことを達成するために、自分たちで「自治」を行っていることを明らかにしました（朝倉 一九九五）。フリースクールが理不尽なルールから「逃げた」先であったとしても、そこは無法地帯などではないということです。

ルールから逃げたのに意味がないじゃないかと思うかもしれませんが、それは早計な判断です。理不尽なルールの問題は、ルールがあることよりも、ルールが理不尽であることにあるのではないでしょうか。理不尽なルールとは、誰かによって勝手に決められ、守ることを課せられる側面が強いといえるでしょう。ならば、勝手に決められるのではなく、自分たちでルールを作ることが考えられるでしょう。

（2）フリースクールでの過ごし方

以下では、私自身がこれまでメンバーやボランティアスタッフとしてかかわり経験してきたフリースクールの活動について説明します。具体的な事例はプライバシーを保護するために複数のケースを再構成するかたちで書いています。私が経験したりかかわってきたことの説明なので、これとは違うかたちのフリースクールもたくさんあります。それだけフリースクールの活動は多様です。

①ミーティング

フリースクールの特徴的な活動のひとつがミーティングです。毎日だったり毎月だったり定期的に行い、活動の予定やさまざまな決め事などが話し合われます。子どもたちが中心になってやることに意義が置かれています。スタッフも参加しますが、大人だからと決定権をもっているのではなく、子どもも大人も、あくまでミーティングの参加者には同じ発言権と決定権があるという前提で行われます。

司会や記録係も子どもたちを含めて選出されます。扱う議題も子どもから自由に提案できます。普段の活動スペースに置いてあるホワイトボードなどに、次回のミーティングで出したい議案を書いておくと、司会がそれに基づいて議題を整理します。

フリースクールを知らない人に、「学級活動みたいなものですね」とよく言われるのですが、そこにはすこし説明がいるかなと思います。学級活動もいろいろあると思いますが、多くの場合は、児童生徒は全員出席して、自分の席でよそ事をせずに話を聞かなければならないというのが前提ではないでしょうか。そういうのをイメージしてフリースクールのミーティングを見ると混乱します。ミーティングの時間になっても、部屋の反対側で漫画を読んでいる子が普通にいたりします。まだミーティングが終わっていないのに勝手に離れてソファで横になる子もいたりします。

これはどういうことかというと、まずミーティングに参加するかどうかも基本的には自由です。その子の体調などの都合もあったり、どうしても直接人と話し合うのが苦手な子などもいるので、ミーティングが大事だとされてはいますが参加への強制はありません。また、参加の仕方の自由もあります。参加するということは、ただその場に行儀よく座っていることではありません。話されている内容を理解して、自分の意見を適切なときに出せればいいわけです。それができるならば、話が聞こえる距離であればどこにいてもいいし、他のことをしていてもいいわけです。もちろん騒いだりして話し合いができない状態になりそうなら、司会やスタッフが止めることはあります。

このように説明すると、フリースクールを知らない人が必ず言うセリフがあります。「そんなやり方だと、みんなミーティングに参加せずに好き勝手するじゃないか」というものです。「『優秀な子』は参加できるけど『そうじゃない子』はできないでしょう」というのもあります。それらに対していえることは、参加は絶対ではないので、参加しなくても特に問題にならないということです。「ちゃんと参加しないといけない」というルールを作るから、参加しない・参加できないことが問題になります。

また、好きなことをするためにはミーティングに参加する必要があります。ミーティングは何のためにやっているか、それはフリースクールでの活動で何をするかを決めるためにあります。好き勝手なことをしたければ、そのためにミーティングへの参加が必要になります。

そして、「『優秀な子』しかできないだろう」問題ですが、「優秀な子が参加できる」のではなく、大人が「参加できる子が優秀だ」とみなしているのではないでしょうか。大人が「ちゃんと参加しないといけない」というルールを（勝手に）作るから、「優秀な子」と「そうじゃない子」を区別して評価する視点が出てきます。参加するかどうかが自由であれば「優秀な子」と「そうじゃない子」を区別する評価の基準がなくなるのではないでしょうか。

確かに、「参加できない子」がいないわけではないのは事実です。その場合は、なるべく多くの子が参加できるようにルールを修正していく作業を踏むことになります。ある程度の時間同じ場所に居続けることが苦手な子であれば、その子にかかわる議題のときにスタッフが呼びに行くとか、自分の意見を表明するのが苦手な子のことをふまえて、スタッフが事前に普段の活動において意見を聞いておいて代わりに伝える、などです。そして大事なのは、それらのルールの修正も、子どもたちも意見を出しながら組み立てていくことにあります。

②活動・行事

フリースクールではさまざまな活動が行われています。学習指導要領といった課せられたカリキュラムがないので、それぞれのスクールで、そこにいる子どもたちのやりたいことや状況に応じて日々の活動が行われます。

たとえば、地域の体育館を借りてのバスケットボールや卓球などのスポーツ、近場の海や川での釣りや遊泳、サイクリング（近隣をウロウロすることから数か月間泊まりがけでのツーリングまで）、バンド活動、カラオケなど、何でもありです。地域の方とのつながりから、農地を借りての農作業や、老人ホームへボランティアに行くなどの活動もあったりします。定期的に「会報」を作成して、かかわっている方々へ活動を周知するために配ったりなどもします。

地域社会に開いた行事を開催することもあります。たとえば、教育に関しての講演会やシンポジウム、地域のボランティア団体主催のイベントへの出展などです。お世話になっている方々を中心に招待するチャリティークリスマスパーティーなどもあります。

これらについて決めるのが、先に述べたミーティングです。活動をやりたい子たちで必要なことを決めていきます。サイクリングであれば、ルートをどうするのか、時間はどれくらいかかるのかなどを調べ、それぞれの体力などを勘案して決めていきます。体育館でスポーツをするときには、予定を入れたい日時に借りられる体育館を探して予約をしたり、農園でみかん狩りをする際には、時期的にそして交通機関的に参加希望者で行くことができる農園を探し、料金などを確認して費用計算や持ち物の確認をしたりします。もちろん、子どもたちだけで進めていて行き詰まることもあるので、その際はスタッフも手助けしますが、基本的に希望する子どもたちで進めていきます。

クリスマスパーティは私の経験では一番大きい行事です。毎年六〇～八〇人ほどを招待しますが、その人たちにチケットを買ってもらうところからはじまります。このチケット代が色々な活動の資金にもなるので、チケット売りはとても重要です。毎年協力してくれている方々に連絡をとり訪問したり、地域の情報誌や新聞社、テレビ局などを通じて広報活動もします。毎年ディナーを提供しバンド演奏などの出し物を行うという内容だったのですが、八〇人ほどの大量の料理を作って提供するので、地元の調理師学校の先生にアドバイスをもらってメニューを決め、材料を確保し、当日の開始時間に間に合うように準備計画を立てていくというプロセスを踏む必要があります。もちろん実際に料理をし、提供・接客をし、終わったら片付けをします。

これらを子どもたちが中心になってやります。十代後半のある程度年齢の高いメンバーが中心になりますが、小学生などの年代の子どもたちも一緒にやることになります。もちろん、やりたくない人はやらないという選択肢もあります。年齢の高いメンバーや前年までの経験がある場合、ある程度見通しを立てて計画を進めることができたりします。また前年までの記録をノートなどに残しているので、それらを参照することもできます。

慣れているメンバーと慣れていないメンバー間で、協力関係が生まれることがあります。たとえば大量の料理を作る過程において、慣れているメンバーは全体の工程をある程度把握して、下ごしらえやオーブンを使うタイミングなどを考えながら作業し、慣れていないメンバーは、ホールトマトの筋を取ったり玉ねぎの皮をむいたりといった、各工程を任されるという分担が行われたりします。野菜を切る作業だけやりたいというメンバーもいたりします。また、チケットを買ってもらうことが大事だといいましたが、お世話になっている人を訪問する際には電話でアポイントを取る必要があります。慣れていないメンバーが電話する際には、慣れているメンバーやスタッフが横で一緒に確認しながら進めたりします。

こういう話をすると、「部活と何が違うんや」と言われたりしますが、学校的な価値観から離れて考えてほしいものです。重要な違いは、参加するかしないかは子どもが自分で決めることができるということです。バンド活動はするけどバスケットボールはしない、サイクリングには行くけど農作業はしない、クリスマスパーティーの準備はするけど当日は参加しない、といった形態の参加をする子もいます。

何をするかを一から決めていくプロセスを踏むことも特徴といえます。自分たちで野菜を作りたいという意見が出て、スタッフや保護者の知り合いの方から借りられる農地を探し、自分たちで管理していくという計画を立てて実行したり、そこで取れた野菜をクリスマスパーティーの料理に使い、クリスマスパーティーの収益で農機具を買うという計画をミーティングで立てたりもします（実際に達成しました）。確かに、クリスマスパーティーなどは恒例行事でもありますが、パーティの形式をそのときのメンバーで変えた（立食形式から配膳形式にした）こともありました。うまくいかないこともむしろ普通にあります。パーティーで赤字になったときは、その後数か月間昼食を自分たちで作り、食べる人から食事代を徴収し、利益を赤字の補填に当てるということをしたりしました。「家を建てたい」という意見が出た際には、土地を探したり建築の技術を教えてくれる人を探しましたが、みつからず断念したこともありました。

③フリーな時間

このような説明を聞くと、フリースクールで過ごすのはとても大変じゃないかと思うかもしれません。確かに大変ではありますし、この雰囲気が苦手な子がいないなんてことはないでしょう。ただ述べておきたいことは、何も「ない」時間や空間もあるということです。

フリースクールが開いていても、活動や行事が入っていない日や時間があります。学校の時間割みたいに、朝から夕方まで分単位でやることが決まっているということは基本的にありません（自分たちで決めた活動に関しては別です）。この時間は本当に何をしてもいいことになります。ある子はテレビゲームをしていたり、漫画を読んでいたり、楽器を弾いている子もいます。ソファーでゴロゴロしている子もいれば、ボードゲームなどを何人かでやっていたりもします。もちろんいわゆる「勉強」をすることもできます。

そんな場面で子どもたちがよく言う言葉に、「暇やな」というのがあります。無駄に思えるかもしれませんが、意外とこの暇が大事だったりします。あまりに暇すぎて、近所のスーパーに発泡スチロールをもらいにいって接着剤でくっつけてイカダを作ったり、キャンプに行くための荷物を運ぶのにリヤカーを作ろうと言い出して設計図を書いたり、といったことが起こったりします。また、いよいよ暇になったら、それぐらいのタイミングでフリースクールを「卒業」する子が多いといえます。働くにしても進学するにしても、それ以外にしても、フリースクール以外の場所でできる新しいことを探しにいく感じです。

（3）フリースクールの難しさ

①スタッフの葛藤

フリースクールの活動の特徴は、子どもたちが自分たちでルールも含めて活動を決めて作っていくところにあるといえます。そこでのスタッフの役割は、子どもたちが決めることをサポートすることになります。もちろんこれは簡単なことではありません。

どうしてもスタッフに決定権が置かれる事柄もあります。運営の予算やスタッフの勤務体制などです。また、外部の方々と協力して行う活動で先方に迷惑がかかる事態になりそうだったり、大人の目から見てどう考えても危険すぎて取り返しがつかなくなりそうな場合などもあります。たとえば、サイクリングで遠出した際に、知らない土地で夜間に長距離走ろうという意見が出たりといった場合です。そのような際にはスタッフも意見を言います。

多くの場合、スタッフの発言もひとつの意見であるというかたちで伝えられます。もちろん子どもが聞かないこともありますが（聞かない場合の方が多い）、その際スタッフは説得に当たります。そうなってくると大人の意見が通りやすくなりますが、それでもスタッフが大事にしていることは、一方的に決めるのはなるべく避けるということです。

スタッフとして、人として、譲れないことがある際は、その理由を伝えるなどします。スタッフの勤務時間、給与体系、家庭生活の事情などをいえる範囲で伝えて、この場でできることとできないことを説明したりもします。もちろん緊急事態（ストーブを火をつけたまま動かそうとしているなど）の際には強く言うこともあります。

何名かのスタッフにインタビューをしたことがありますが、みなさん、スタッフの意見の方が通りやすいという事実は受け止めて、その上でいかに子どもたちの決定を支えることができるかを考えているそうです。

②参加しづらい問題

みんなで活動を作っていくので、それが苦手な子はどうしても参加が難しいという問題もあります。本節（２）②で慣れている子と慣れていない子の協力の話をしましたが、それぞれの子の状況や能力に応じた役割が見出せればいいのですが、事前に全部決まっているわけではないので、うまくいかないこともあります。

パーティーや講演会など、日程が決まっており予算の関係などの問題がある場合は、子どもたちやスタッフの間にも失敗することへの忌避感がどうしても生まれてしまうこともあります。慣れたメンバーやスタッフだけでやってしまえばいいという事態になり、そうではない子たちがかかわれないレベルでことが進んでしまうという問題です。

できるだけそういった事がないように、活動や行事の目的とのバランスをとりながら進めていくことになります。付け加えておくとすれば、その後のミーティングで振り返る時間をとり、問題を考え直すというプロセスがとられることが多いです。その際に、うまく参加ができなかったメンバーの意見をなるべく聞くということがなされたりします（もちろんそれもうまくいくとは限りません）。

以上、フリースクールの活動について、私の経験から述べました。要は、学校の外で学んだり過ごしたりする子どもたちは、傷つきボロボロになって何ひとつできなくなってしまっているのでも、好き放題自分勝手に暴れているのでもなく、自分たちでその空間を作っているということです。もし、不登校だった子がなぜフリースクールには通えるのかという問いを立てるのであれば、自分たちでルールを作り、そしてそれを自分たちで変えていくこともできる空間なので、我慢したり反抗したりすることがそれほどなく、学んだり過ごしたりすることができるから、という答えになるかと思います。

4　学校に行かないことを「権利」として考える

（1）「逃げる」権利

最後に、「権利」という観点から、学校に行かないこととフリースクールについて考えてみたいと思います。

「義務教育」という言葉があります。日本では、「勤労の義務」「納税の義務」に並んだ、国民の三大義務のひとつである「教育の義務」として、小学校と中学校の段階の教育が「義務教育」とされます。こういう言葉を聞いたことがないでしょうか。「小中学校は義務教育なのだから、きちんと通わなければいけません」。もしそういうことを言っている人がいたら、全力で間違いを指摘しなければなりません。

日本国憲法第二六条は次のような文言です。「すべて国民は、法律の定めるところにより、その能力に応じて、ひとしく教育を受ける権利を有する」。教育を受けることは、「権利」であり、「義務」ではありません[3]。理不尽な学校のルールに「耐えて」教育を受けることは、「権利」であって「義務」ではありません。また、理不尽なルールに「反抗」したりルールを変えることを「要求」して、学校の教育を自分にとって理不尽でなくしていくことも、教育を受ける上での「権利」といえます。そしてそれも「義務」ではありません。

では、「逃げる」はどうでしょうか。もちろん、教育を受けることは「権利」であって「義務」ではないので、教育の空間である学校から「逃げる」ことは、「義務違反」

などではありません。本章第2節の話題を思い出してみましょう。「逃げる」ことが「ずるい」と感じるということは、そこでみんなが従っているルール自体が理不尽であるということです。そして、ルールが理不尽であるということは、一方的に決められており、こちらに決定権がないという状況です。つまり、「逃げる」ことが「ずるい」、不登校が「ずるい」と感じるということは、学校のルールが理不尽であることの表れ以外の何物でもありません。

日本国憲法第一八条は「何人も、いかなる奴隷的拘束も受けない。又、犯罪に因る処罰の場合を除いては、その意に反する苦役に服させられない」としています。理不尽なルールに拘束されず屈させられない、すなわち「逃げる」ことは「権利」になります。日本も批准している「子どもの権利条約」第三一条では、子どもの休息や余暇についての権利を明文化しています。「逃げる」権利の観点からも大事な視点です。

(2)「自分たちで作る」権利

フリースクールの活動をふまえて述べたいことは、学校の理不尽なルールへのもうひとつの対処方法があるということです。それは、ルールを自分たちで「作る」ということです。ルールが理不尽である要因のひとつとして、ルールが勝手に決められているということをあげました。そうであるなら、自分でルールを作ることができれば、理不尽なルールとはならないでしょう。

そんなのは当たり前だと思われるかもしれません。自分で好きなルールを作るのに自分が嫌なルールなんて誰も作らないでしょう。

しかし、ここで大事なことは、自分「たち」でルールを作るということです。その空間にかかわる人たちが共同でルールを作っていくということが大事になります。これもみんながもつ権利です。

日本国憲法第二一条や、「子どもの権利条約」第一五条は、結社や集会の自由を明言しています。「子どもの権利条約」第一二条は、子どもが自分にかかわるほぼすべての事項について意見を表明する権利、そしてその意見を考慮される権利を明文化しています。

さまざまな問題や難しさはあります。そのときに大事だと私が思うことは、自分たちが決めたルールを、すでに決めてしまったものとして揺るがさないのではなく、いつでも誰でも「作り変えられる」ことです。

フリースクールであれば必ずできるというわけでも、学校では必ずできないというわけでもありません。自分たちでルールを「作る」ことや「作り変える」ということは、学校の中で「要求する」という実践を通じて達成できることもあれば、学校から「逃げて」その外に出て初めて達成できることもあるでしょう。どちらが良いか悪いかといったことではなく、より現実的な方の戦略を採用するしかないでしょう。

フリースクールでも理不尽なことはあるでしょうし、暴力やトラブルがまったくないなんて言い切ることはできません。学校の中も外も含めて、自分たちでルールをつくることの問題や可能性をふまえながら、一人ひとりが社会を作り作り変える一員として参加できる仕組みを考え続けなければならないと思います。

引用文献

朝倉景樹（一九九五）『登校拒否のエスノグラフィー』彩流社

藤根雅之・橋本あかね（二〇一六）『全国のオルタナティブスクールに関する調査報告書』

森田洋司（一九九一）『不登校現象の社会学』学文社

本山敬祐（二〇一五）『不登校児童生徒への支援機関に関する官民比較調査』

野田彩花（二〇一七）「名前のない生きづらさ」野田彩花・山下耕平『名前のない生きづらさ』子どもの風出版会、九一一〇四頁

山田哲也（二〇一〇）「『不登校トラック』の出現？」若槻健・西田芳正編『教育社会学への招待』大阪大学出版会、九四―九五頁

注

（1）文部科学省「平成三〇年度児童生徒の問題行動・不登校等生徒指導上の諸課題に関する調査結果について」より。

（2）文部科学省の不登校の調査は教師が回答しています。教育社会学者の内田良は、ＹＡＨＯＯ！ニュース（二〇一六年一〇月一六日）の記事で、教師の認識と不登校する本人の認識がずれていることを指摘しています。不登校の要因についての統計上の数字が信頼できるかどうかは注意して考えなければなりません。

（3）「義務」は、子どもに教育を「受けさせる」ことに対して、周りの大人や政府・行政機関等に課せられます。なので、学校に行こうとしている子どもの登校を防害したり、学校で学ぼうとしている子どもを学校から追い出したりすることは「義務違反」になります。

コラム 3

スポーツ・インテグリティーの確保・向上に向けて

　現代社会において、売り上げを上げるために違法行為を含めて手段を選ばない企業や、社員に身勝手なルールを押しつけてくる企業が存続できるかどうかは議論を待つまでもない。みなさんは、そのような企業の商品を購入したいと思うだろうか。また、そのような企業に就職したいと思うだろうか。

　勝つためには手段を選ばないという考えの下、暴力が行われ、科学的な根拠に基づかない練習を強制され、封建社会を模した上意下達により、指導者や先輩の理不尽な要求に応え続ける。そして自分が上の立場になれば同じことを繰り返す……。広くスポーツ界において、このような考え方が存在したことは間違いない。一方、このような考え方の下で活動している選手が世界一、日本一の栄冠を手にしてきたことも事実である。

　一九九六年、ニューヨーク州のYMCAで開催された小中学生を対象にしたバレーボールのトレーニングキャンプに、主任コーチとして招待された。その際の私の仕事は、世界各国から集まった五〇名程度の指導者に、日本における「最新の指導法」を伝えることであった。

　各国の指導者が集う夕食会で、スコットランドの指導者が私に日本製の時計を見せながら、「日本の製品は最先端の技術で製造されているのに、スポーツ指導の現場ではなぜ『体罰』のような古い方法で指導を行うのか」と尋ねてきたことがあった。カナダの大学でコーチをしていた際も、指導者・選手から同様の質問を受けた。奇妙で仕方がないらしい。世界共通の認識は、スポーツ指導現場においても体罰は「指導」ではなく「犯罪」だからである。

　このような国際社会と乖離した考え方をもつ日本のスポーツ界のあり方に、文部科学大臣が、「スポーツ指導における暴力根絶に向けて（二〇一三年二月五日）」のなかで、「スポーツと暴力とは相いれない」、「暴力の一掃を目指すことが大切」と会見を行ったのが二〇一三年のことである。

　その後は、単に暴力だけではなく、ハラスメント、ドーピング、人種差別、八百長などを排除していくことが必要であるとし、独立行政法人日本スポーツ振興センターにスポーツ・インテグリティー（健全性・高潔性）の確保をめざした組織が設置されるなど、現在まで各機関・各競技団体でその重要性が提唱されてきている。

　スポーツにかかわるすべての人々が、この「スポーツ・インテグリティー」の重要性を認識し、真にフラットな視点で判断・行動することが、スポーツ界における喫緊の課題である。

（橋爪　裕）

コラム 4

多民族社会ハワイにおけるダイバーシティ＆インクルージョンの取り組み

毎年、教育や福祉について学ぶスタディ・ツアーに大学生や高校生を引率し、ハワイを訪れるようになって一〇年になる。人口約一四二万人の米国ハワイ州は、世界屈指の「多民族・多文化社会」である。アジア系（三八％）、白人（二五％）、ハワイ先住民および太平洋諸島出身者（二〇％）など、大多数を占める人種・民族がおらず、二つ以上のルーツをもつことも珍しくない。したがって、ダイバーシティ（多様性）の尊重はもはやあたりまえなのだが、その先をいくインクルージョン（包摂）の取り組みには、特に学ぶべき点が多い。

日本でインクルーシブ教育といえば、「障害のある児童生徒とそうでない児童生徒との共生」と解釈されがちだが、米国では、障害の有無に限らず、性別、宗教、人種・民族や貧困問題、性的指向・性自認など、基本的人権にかかわる困りごとのすべてが「合理的配慮」の対象になりうる。ちなみにこの「合理的配慮」という言葉は、日本の障害者差別解消法（二〇一六年施行）に明記された法律用語で、米国の市民権法に登場するreasonable accommodationの邦訳である。原語は「理にかなった調整を図ること」という意味で、「心を配ること、気を遣うこと」（＝配慮）とは大きく異なる。けっして気持ちの問題ではない、のである。教育の機会均等は特に重要で、階段にスロープをつけるだけでなく、授業や試験のあり方改革など、学校生活のあらゆる側面で「バリアフリー化」を進めることが求められる。

米国の大学では、法律によって、学生生活についてのみ「合理的配慮」が義務化されているのだが、高校までは、日常生活（食事・トイレ介助など）のすべてに公的サービスが適用される。通学が困難な障害児には無料の送迎車が手配され、貧困家庭の学校給食は無料化されているばかりでなく、朝食も提供される、といった具合だ。

そんななかでもハワイは、いち早くインクルージョンに取り組んできた。特に英語以外の母語教育や多文化教育に力を入れている点は、「多民族・多文化社会」ならでは、である。学習障害や発達障害、思春期うつなど、精神保健分野の支援も充実しており、州の公立学校すべてにメンタルヘルスの専門職が常駐している。地域社会に目を転じれば、「家出中」の若者を支援するドロップ・イン・センターもある。温かい食事が提供され、ロッカー、シャワー、洗濯機、インターネットなど、野宿生活に必要な設備や備品が用意されている。ここで高卒認定や職業訓練を受けることもできるが、昼寝やゲームをするためだけに立ち寄るのでもよい。

「誰も取り残されない社会の実現」は、国連のSDGs（持続可能な開発目標）が掲げる理念でもある。規則・校則の厳守や一定性（みな同じであること）が強調され、前例主義で融通の効かない日本ではなかなか想像できない風景が、ハワイにはある。

（東　優子）

第3部

性

第5章

トランスジェンダー・ライフ

いわゆるMTFの弁護士として

仲岡　しゅん

1　戸籍上は男性の「女性弁護士」

「日本弁護士連合会」というものをご存じでしょうか。日本で活動する弁護士全員が加入し、登録している団体のことをいうのですが、略して「日弁《にちべん》連《れん》」ともいわれます。

ここ、大阪で弁護士事務所を経営している私も日弁連に登録し、弁護士として働いているのですが、弁護士登録の際に求められる情報の中には、事務所名や事務所所在地の他に、なぜか「性別」が存在するのです。なぜ日弁連に性別の登録が必要なのかはよくわかりませんが、私も日弁連には「女性」の弁護士として登録しています。ところが、私はかつて男性として出生し、男性として成人した人間でした。今現在の戸籍上の性別も男性のままですから、私は、いわば「戸籍上は男性の女性弁護士」といったところでしょう。

さて、この章では、「戸籍上は男性の女性弁護士」である私自身の実体験を交えながら、トランスジェンダーが置かれている状況や、直面しがちな問題について、いくつか例を挙げてお話ししようと思います。

2　トランスジェンダー、ＬＧＢＴとは

(1)「トランスジェンダー」

私のように、男性として出生しながらも、女性として生きている人のことを、「ＭＴＦトランスジェンダー」といいます。

このトランスジェンダーというのは、日本語では「性別越境者」や「性別移行者」などと訳されるのですが、要するに、生来的に割り当てられた性別とは異なる性別で生きている人のことを表す言葉です。後述する「性同一性障害」の診断を得ているか、どの程度まで医療的措置を受けているかを問わない、やや広い概念です。

そして、「ＭＴＦ」というのは、「Male To Female」の頭文字であり、「男性から女性へ」ということを意味しています。そして、その逆、つまり生来的に女性として割り当てられた人が男性化する場合を「ＦＴＭ」、つまり「Female To Male」といいます。

少し取っ付きにくい言葉が続きましたが、この章で

は、このように少し説明が必要な言葉がいくつか登場するので、まずは基本的な用語をおさらいすることにしましょう。

（2）「ＬＧＢＴ」

近年、日本でも「ＬＧＢＴ」という言葉をよく耳にするようになりました。既にご存知の方も多いでしょうが、「ＬＧＢＴ」というのは、レズビアンの「Ｌ」、ゲイの「Ｇ」、バイセクシュアルの「Ｂ」、トランスジェンダーの「Ｔ」、という、四つの人の属性の英語の頭文字を取った言葉です。これら四つは、多様な性のあり方とその連帯を表したものであり、またセクシュアルマイノリティの中の代表例を表しています。

ただし、この「ＬＧＢＴ」という用語を巡っては、様々な意見があります。例えば、性的指向（恋愛対象としてどの性を好きになるか）に関する「ＬＧＢ」と、性自認（性に関する自己認識）に関する「Ｔ」とは別問題であるとか、ＬＧＢＴ以外の様々なあり方が抜け落ちている、といった意見も聞きます。

また、他人に性的関心をもたないことを表す「アセクシュアル」又は「エイセクシュアル」の「Ａ」や、日本では「性分化疾患」と表現されることも多い「インターセックス」の「Ｉ」、性のあり方が定まらない「クエスチョニング」又は、既存の性規範に当てはまらない人々を包括した「クィア」の「Ｑ」といった、ＬＧＢＴ以外の様々なあり方も追加して表記する人もいます。逆に、なんでもかんでもまとめて一緒にするのは良くないという人もいます。

また、日本ではＬＧＢＴよりもっと広い意味での性的少数者のことを指して「セクシュアルマイノリティ」という用語が使われることもありますが、特定の属性を少数者扱いすることは、性のあり方の不平等を固定化しかねないといった批判も聞くことがあります。

このように、ＬＧＢＴという言葉や概念を巡っては、論者によって様々な見解があり、いったいどれが正しいかという議論は、おそらく簡単には答えが出ないことでしょう。したがって、ここではあえて棚上げすることにします。

（3）「性同一性障害」

性同一性障害というのは、やや雑な定義ではあるものの、生物学的性別と性の自己意識とが一致しない状態をいう医学上・法律上の概念のことをいいます。これは先述のトランスジェンダーと混同されがちなのですが、異なる概念です。

トランスジェンダーの当事者と、性同一性障害の当事者とは、重なることも多いのですが、必ずしも一致しません。トランスジェンダーは、性別移行を行う人を一般的、社会的に捉えた語ですが、対して、性同一性障害というのは医学的・法的な側面からみた言葉です。どういうことかというと、少なくないトランスジェンダー当事者は、ホルモン療法や性別適合手術などにより、身体状況を望みの性別に近づけようとするのですが、その場合、やはり医療機関の手助けが必要になります。そして、そのような医療的措置を受ける場合、日本精神神経学会の性同一性障害のガイドラインに従い、性同一性障害という診断を受けたのち、ジェンダークリニックでホルモン療法や性別適合手術を受ける、というプロセスで進めていくことが多くあります。

また、法律上の性、いわゆる戸籍上の性別の変更を行う場合には、「性同一性障害特例法」（二〇〇四年施行）上の一定の要件を満たしていることを条件として、家庭裁判所での審判を行うという手続を取ることとなります。戸籍上の性別を変えることで、自分の望む性での公証が得られ、また自分の望む性で異性と婚姻することができるようになります。

このように、身体状況を望みの性別に近づけようとする場合や、法律上の性別変更を行う場合には、「性同一性障害」という医学的・法的概念によって物事を進めていくわけです。なお、私の場合、現在、性同一性障害という診断を受け、ジェンダークリニックにも通っていますが、戸籍上の性別変更については、その必要性を感じていないため、していません。このように、性同一性障害当事者の中でも、その価値観は多様であることに注意が必要でしょう。

ただ、この性同一性障害という概念は、現在、揺れ動いていることに注意が必要です。これまで性同一性障害は、WHOの国際疾病分類の中で、精神疾患のカテゴリーに入れられてきました。しかし、これを精神疾患のひとつとして捉えることはむしろ不適切ではないかという発想から、最新版の国際疾病分類（ICD-11）からは、精神疾患のカテゴリーから性同一性障害という言葉が削除され、他方、「性の健康に関連する状態」というカテゴリーの中に、「Gender Incongruence（性別不合）」という代替概念が入りました。

このように、国際的には、性同一性障害という概念を疾患という位置づけから外していく動きがあるのですが、少なくとも日本国内では、まだ「性同一性障害」という概念が流通しており、それを前提に物事が回る状況は当面の間は変わらないと思います。そこで、本章では、あえて「性同一性障害」という概念を使うことにしますが、その点はご了承ください。

（4）性のありかたの多様性

ここまで、性のあり方を示す様々な概念のうち、本章で登場する必要最低限のもののみ説明してきました。しかし、右で挙げたもの以外にも、人の性のあり方は非常に多様であり、奥深いということ、また、そもそも人の性のあり方には個人差が極めて大きく、カテゴライズが困難であるということには留意が必要です。

もちろん、世の中の様々な事象について語る上で、何らかのカテゴライズを前提にすることは不可避なものです。しかし、他方で、そういったカテゴライズにどのような実質的意味があるのかを考え、それ自体を常に問うていくという姿勢は、物事を考える上で必要なことではないかと思います。

3　アイデンティティーの変遷

（1）趣味・嗜好とジェンダーバイアス

さて、このように、いわゆる「ＭＴＦ」である私は、男性として出生し、現在は女性弁護士として日々働いています。まずは、そんな私の大まかなライフヒストリーを通じて、ひとりの当事者像をお話ししましょう。

私のように「ＭＴＦ」のトランスジェンダーや性同一性障害というと、「昔からお人形やピンクの服が好きな子だったんでしょう？」というイメージを抱かれるかもしれません。しかし、私の場合、必ずしもそうではありませんでした。

前述のような「女らしさ」のイメージは、多くのＭＴＦ当事者に対して抱かれがちなものなのですが、私は、これを一種の神話に過ぎないと思っています。そもそも、女性であることと「お人形」や「ピンクの服」というアイテムは、必然的に結び付けられるものでしょうか。私は、個々人の趣味・嗜好と、性のアイデンティティーは別の概念であり、それらが結びつく必然性はないと考えています。

例えば、私の場合、昔から恐竜やロボットが好きだったのですが、私の友人の中には、生来的に女性であっても、同様に恐竜やロボットが好きだという方もいます。あるいは、サッカーや野球は「男の子らしい」遊びだと認識されがちですが、それらの遊びを好む女性もいるように、実際には女性の中でも趣味・嗜好は多様です。

そう考えると、先ほども述べたように、個々人の趣味・嗜好の問題と性のアイデンティティーの問題とは、必ずしも結び付くとは限りません。「女らしい遊び」や「女らしい趣味」というのは、生来的に決まっているものではなく、この社会の中で作られた文化ではないでしょうか。ただ、女の子の中に「お人形」や「ピンクの服」を好む子が比較的多いのは、それを大人の側が最初に与えているから、つまり大人の社会のジェンダーバイアス（性に基づく偏見や偏り）が反映された結果なのではないかと私は考えています。

（2）子どもの頃の自己像

さて、そんな私が男子小学生だった頃、ぼんやりと抱いていた将来の自己像は、次のようなものでした。「僕は男の子なのだから、いつか女性と結婚して、女性と家庭をもって生きなければならないのだ」と。

今から思えば、ありえない自己像なのですが、当時はそれが当たり前なのだと刷り込まれながら、それを疑う余地も情報もなく生きていたわけです。今でこそ変わりつつありますが、私が子どもだった頃、つまり二～三〇年ほど前のマスメディアでは、今のようにＬＧＢＴについて扱った情報はあまりなく、たとえあったとしても、一部のサブカルチャー的な扱いを受けることがほとんどでした。むしろ私が子ども時代を過ごした一九九〇年代頃は、バラエティー番組などで「ホモ」「オカマ」といった言葉が笑いのネタとして日々飛び交っているような状況でした。

そのような環境の中で、私は自分が「ホモ」「オカマ」なわけがない、という意識をもって育ち、そして私は幼心に「結婚して家庭をもつのが当たり前」という、あるべき人間像に将来の自己像を当てはめて生きるしかなかったのです。

（3）異性愛者でも、同性愛者でもない自分

そんな私が、性に関して周囲とのギャップに気がついたのは、思春期の頃でした。思春期、つまり中学生以降の男子にありがちなことですが、周囲の男子の多くは、「クラスの女子で誰がかわいいか」という話題や、好きな女性アイドルの話、あるいは男性向けポルノの回し読みなどをするものでした。

ところが、私の場合、内心、そういったものに全く関心

がもてませんでした。他の男子たちと、好きな女性のタイプについて話していても、全く楽しくないばかりか、むしろ自分を偽っているかのような居心地の悪さ。……つまり、女性が性的指向の対象ではない、ということに、その頃、気づいたのでした。

そして、女性を性的指向の対象として見られないということは、いわば消去法的に男性が恋愛対象、つまり同性愛者なのではないか？という思いを漠然と抱くのですが、その一方で、私は、自分自身を男性同性愛者、すなわちゲイと認識することにも違和感がありました。

というのも、ゲイ雑誌などに表されるゲイ文化というのは、「出会い」や「性交渉」などが重要な部分を占めているようで、どうも私にとってはフィジカルな要素が強すぎ、馴染めないものだったのです。もちろん、それはあくまでゲイ文化の一側面であって、ゲイ当事者もまた多様なのですが、少なくとも私の場合、とりわけ男性との交際を積極的に求めていたわけではなく、むしろ人付き合いの苦手な私にとっては、他人との恋愛や性交渉それ自体が「めんどくさいこと」でしかなかったわけです。そんな私は、ゲイというアイデンティティーもまたもつことはできませんでした。

自分の中での偽りの正体は何なのか？　その答えは、性的指向の問題では解決できなかったのです。

（4）「仲岡くん」から「しゅんちゃん」へ

そんなふうに、異性愛者でもない、かといってゲイでもない、心の奥底にある自分が自分でないという感覚、自分自身のあり方を肯定できない感覚、そのような、なんとも行き所のない感覚をもちながら生きてきた私ですが、まだ若かった頃の私は、そのことを隠しながら暮らさざるを得ませんでした。なぜならば、同調圧力の強いこの日本社会の中で、「周囲と違う」ということは、それだけで排除の対象となってしまうからです。とりわけ私が未成年時代を過ごした学校という場は、保守的で閉鎖的でした。固定化された人間関係の下では、他に行き場もありません。そのような環境で生きてきた私は、自分の「正体」を隠し、短い髪と少し生やした髭によって、偽りの男性らしさを演じることで、自分を守らざるを得なかったのでした。

そんな私に転機が訪れたのは、大学を卒業した後、他のトランスジェンダー当事者たちと出会ってからのことになります。

ある時、私は当時のアルバイト先の同僚から、職場の近くでやっていたトランスジェンダー交流会というものに誘われました。この会は、トランスジェンダーの当事者や家族と友人たちが集まって食事などをしながら仲間づくりをしている会で、当時の私は、社会見学程度の気持ちで何の気なく訪れたのですが、私にとってはそれが、トランスジェンダーとして生きている人たちと実際に出会う初めての機会でした。そして、その会で私は、彼ら彼女らの存在に、はじめてしっくり来る自己像、つまり自分の「正体」を見出したのです。

それまで私は、トランスジェンダーなる人々の存在を知らず、あるいは知っていたとしてもそれは「オカマ」という禁忌の言葉でしか表現されないフィクションでした。かつての私は、「もしかして自分がそうではないか」と内心どこかで疑いつつも、「いや自分がそんなはずはない」と否定し、自分の本心に蓋をしてきました。

しかし、トランスジェンダーとして実際に生きている人たちを初めて見たとき、「自分もこんなふうに自由に生きていいんだ」と感じたことを覚えています。もちろん、その場に来ていたトランスジェンダー当事者たちも、各々の境遇を背負いながら試行錯誤の中で生きていますから、実際には自由とは言い難いのかもしれません。

ですが、少なくとも、ただ行き所のない違和感を抱え、自分を偽りながら生きてきた自分とは違い、たとえ試行錯誤しながらでも自分を社会に表している、それだけで当時の私にとっては革命的な存在だったのです。また、その会の中に来ていたひとりからの、「仲岡さんはトランスしないの？　仲岡さんだったら行けるよ」という言葉も私の背中を押すことになりました。

それからの私は、ある意味器用でした。他の当事者との出会いによってきっかけさえ掴めば、そこから自分自身で試行錯誤しながら、髭の生えていた「仲岡くん」から、髪の長い「しゅんちゃん」へ変貌していくことになったのです。

4　トランスジェンダーと社会の障壁

(1)　日常と社会的障壁

さて、大まかにはそのような半生を歩んできた私ですが、トランスしてから感じるのは、この社会は未だ「典型的な女性」「典型的な男性」だけの存在を前提に作られているということです。あるいは、この社会の非常に多くの局面で、不合理なジェンダーバイアスがあり、そのためにトランス当事者にとっての社会的障壁が存在するということです。

ここでは、日常の中にある問題について、いくつか例を挙げて考えていきましょう。

(2)　学校とジェンダーバイアス

私は小学校から大学院まで行きましたが、学校、とりわけ小学校から高校までの期間というのは、クラスで仕切られた非常に狭い社会であり、とても居づらい世界でした。また、そこにあるジェンダーバイアスも非常に強固なものでした。

近年になってようやく、「ある学校が性同一性障害の生徒に配慮した制服を導入した」というニュースを耳にすることも増えました。しかし、それよりもまず考えるべきなのは、そもそも「なぜ女子の制服はみんなスカートなのか」ということではないでしょうか。

今や社会人女性の間では、スカートを履いている人よりも、ズボンを履いている人のほうが多いくらいです。女性であればスカートを履かなければならないという必然性もありません。それにもかかわらず、制服になると、まるで判を押したように、女子生徒はスカートを履かされるわけです。それなのに学校の先生は、女子生徒に対して、「盗撮に気を付けなさい」とか、「丈が短い」「丈が長い」とか、注意するわけです。スカートを履かせているのは、いったい誰なのだろうと言わずにはおられません。ズボンだってスカートだって、自分の好きなほうを履けばよいとは思いませんか。

もう一つ、私が学生時代に、とりわけ苦痛だったことがあります。それは体育の時間でした。特に、私がかつて通っていた大阪の公立高校では、体育の授業での必修科目が女子と男子とで分かれており、男子は皆、週に一回ほど柔道をさせられ、女子はその時間にダンスをする、という決まりがあったのです。私は当時、「男子枠」でしたから、柔道が必修だったのですが、私はこの細い腕で、男子高校生と柔道をさせられることになったわけです。これは私にとって苦痛以外の何物でもありませんでした。

ここで考えていただきたいのは、男子は柔道、女子はダンス、という決めつけが、はたして合理的なのかということです。ダンスが得意な男子だっているでしょうし、柔道で活躍している女子の選手だって少なからずいます。どちらでも、その人の個性や得意分野に応じて選択できれば良いのではないでしょうか。ちなみに、先日、ある大阪の高校に講演に行き、この「男子は柔道、女子はダンス」の話をしましたら、終わった後で元気そうな女子生徒たちが「来年から私らも柔道できるかもしれへんな。いっぺん『とりゃー！』って投げてみたかってん」と言いながら帰っていく様子を目にしました。女子でも柔道をやってみたいという子は、実際にいるわけです。

このように、学校の中には、ごく当たり前のように強固なジェンダーバイアスがあるのですが、そのことに異議を差し挟む人は、今でもほとんどいません。よく考えてみれば不合理に思えることが当然のように行われていることは、多々あります。学校の中で先生たちがやっていることと、大人たちがやっていることは、本当に正しいのだろうか、という目をもつことが必要です。

（3）トランスジェンダーの法律問題

そんなふうに、楽しくない学校生活を過ごしてきた私ですが、現在、弁護士として仕事をしていると、やはりＬＧＢＴ当事者からのご相談も少なからずあります。この社会の制度は、法律上の性別と社会的な性別とが一致している人のみを想定しているものが多いため、そこから漏れてしまう人々がいることを、相談を受けるたびに実感しています。そのうちいくつかをご紹介しましょう。

例えば、私が弁護士になってから少なからずご相談を受けるのは、ＬＧＢＴに対する就職差別やハラスメントの問題です。とりわけ法律上の性別変更をしていないトランスジェンダーに顕著な問題として、公的書類上の性別記載の問題があります。就職の際には、住民票や保険証などの公的書類の提出を求められることがあるのですが、そういった公的書類の中に性別の記載があることが多いため、そこで法律上の性別と社会生活上の性別とが違うということ、すなわちトランスジェンダーであることが不本意ながらもバレてしまい、それによって就職差別に遭うという事態がしばしば生じるわけです。

しかし、そもそも公的書類上の性別記載というのは、実質的にどのような意味があるのでしょうか。よく考えてみると、必要性が疑わしいものもあるのではないでしょうか。実際、一部の自治体（例えば、大津市など）では、公的書類上の性別記載をできる限りなくしていくという動きもあるほどです。

あるいは例えば、私が弁護士として取り組んでいるテーマのひとつとして、刑務所内でのトランスジェンダーの処遇の問題があります。刑務所というのは、男性用と女性用とに分かれているのですが、今の日本の刑務所では、その人の性自認や身体的特徴にかかわらず、戸籍上の性別という形式的な基準によって受刑者が割り振られることになっています。これによってどのような問題が生じるかというと、例えばＭＴＦの人であっても、戸籍上の性別が男性のままであれば男性刑務所に収容され、逆に、ＦＴＭの人であっても、戸籍上の性別が女性のままであれば女性刑務所に収容される、ということです。

少し想像してみればわかるかと思いますが、戸籍上男性のＭＴＦの場合、男性刑務所の中に、女性としての自認や特徴のある人が収容されるわけですから、セクシュアルハラスメントなどの問題が生じかねません。また、トランスジェンダーの中には、継続的なホルモン剤の投与を欠くとホルモン欠乏症など心身に深刻な不調をきたす人もいます。ところが、刑務所を管轄している法務省はホルモン治療の必要性についての理解が浅いため、トランスジェンダーの受刑者の中には、必要なホルモン投与が受けられないといった人権侵害を受けている人もいるわけです。

ところで、刑務所というと、「自分の罪で刑務所に入ったのだから、刑務所内ではどんな目に遭おうが自業自得だ」と考えてしまう人もいるようですが、浅薄な発想だと言わざるを得ません。社会には、様々な社会的背景や恵まれない環境がゆえに、罪を犯してしまう人もいるということへの想像力が必要です。また、例え受刑者であっても、人権侵害がなされてよいというわけではありません。刑務所というのは罪を償い更生するための施設であって、その人の性別や属性によって人権侵害がなされてはならないことは、言うまでもありません。

（４）可能性としてのトランスジェンダー

学校や職場、法制度上で、その存在が考慮されていない、という話をすると、ＬＧＢＴであることは、あたかも人生においてデメリットばかりかのように思われるかもしれませんが、私は必ずしもそうではないと思っています。人と違うということ、マイノリティであるということは、確かに不合理な差別を受けることもありますが、決してデメリットばかりではありません。それによってこれまで知らなかったことに気づかされたことや、仕事上活かせていることだってあります。

実際、私もトランスジェンダーの弁護士として活動していますが、トランスジェンダー当事者からの相談や、性に関する社会制度のあり方それ自体を問う問題など、他の弁護士が扱ったことがないような問題についてのご相談を受けることもしばしばあります。それは私という個性があったからこそ受けられるテーマですから、私はむしろそこに誇りと新しい可能性を見出しています。自分の個性を活かせるという点では、決してデメリットばかりではないのです。

5 ジェンダーへの意識を

本章では、ＬＧＢＴやトランスジェンダーの置かれがちな現状や問題について、いくつかの顕著な例を挙げ、かいつまんでお話ししました。しかし実際には、ここで挙げたのはごく一部であり、それ以外にも、日常の中ではジェンダーバイアスに根差した、たくさんの問題がありえます。「性別」という概念は、普段あまりにも当たり前のように私たちの生活に浸透しており、そのために、そこに不平等があっても容易に気づきにくいという問題を抱えています。

ただ、誤解していただきたくないのは、「女も男も関係ない」「皆同じにすればよい」という単純な発想が求められているわけではありません。むしろそのような発想は、この社会に現にあるジェンダーバイアスに目を瞑ることになりかねません。むしろ、そこに常に意識的であることと、そして問題を発見し、問うていくことが求められています。

第６章

「合意」が大切！

身体を用いたコミュニケーションの基礎知識

中山　良子

1　関係／生き方の多様性

世の中には異性愛の物語があふれています。ドラマだったり、マンガだったり。でも、最初に確認しておきたいんです。異性愛だけが「正しい」わけじゃない。

女性同士であろうが、男性同士であろうが、複数にわたる関係[1]であろうが、当事者同士が合意し、取り結ぶ関係とその生き方に対して、他人が口出しするのはとてもおかしいこと。もちろん、セックスのある関係を望まない人だっています。

人と人との間にある、さまざまな慈愛や、友愛や、情や、身体を用いたコミュニケーションのありようを、偏見の上に断罪するような行為は、あってはならないのです。もちろん、女性、男性という枠組みを超える生き方を尊重すべきです。

これから、コミュニケーションとセックスに関連する基礎知識を確認していきます。なかにはさまざまな理由（宗教的など）から読みたくなかったり、具体的な描写が苦手だったりする人もいるかもしれません。そんなときは読み飛ばしてください。けれど「必要だ」と思ったときには、この章に戻ってきてくださいね。

2　性別？

日頃、私たちは服装などの見た目から、誰かを女性、あるいは男性だと判断しています。しかし私たちは、人を女性、男性の二つに区分しなければいけない、と思い込みすぎているのではないでしょうか。

女性、男性という区分が、もともとはグラデーションのなかにあるということを、医学の枠組みからも考えることができます。

ヒトの遺伝情報をもつ染色体ですが、そのなかに性の決定にかかわる性染色体があります。[2]その性染色体はＸＸやＸＹという二種類だけではないことが知られています。

また胎児は（精巣上体などになる）ウォルフ管と（子宮などになる）ミューラー管という、男女両性の特徴をあわせもった状態から、胎生六週目から八週目の間にそれらの性腺が分化していくとされています。同じ性腺が分かれていく、という前提に立つと、女性と男性の違いがグラデーションのなかにある、ということがハッキリします。

いわゆるちんちんだ、まんこだ、という外性器の特徴もグラデーションのなかにあります。外性器だけでなく、精巣がある、子宮があるなどの内性器の特徴もグラデーションのなかにあります。

たいていの場合、外性器の特徴によって、出生時に女性あるいは男性とみなされます。ですので法的な性別は、そのほとんどが出生時の外性器の形状で判断した性別になります。しかしながら、母子手帳に女・男以外の記入欄があるように、外性器の特徴が混在する身体をもつ人がいます。

私たちの身体の特徴がグラデーションのなかにあるという前提を忘れないようにしましょう。あなたやあなたの友達の身体もまた、グラデーションのなかにあります。女・男を分けてとらえる価値観をもつ文化は、外性器・内性器の特徴が混在する身体をもつ人を無視してはいないでしょうか。身体は本当に多様なあり方が、あるのです。

そして、外性器の見た目では、自分自身が生殖機能をもつかどうかは、実はわからないことに気付きます。「生殖器が機能する人にしか価値がない」、あるいは「子どもを生むことにつながらない性行為をする人間には価値がない」などという考え方を他者におしつけていいとは思いません。

いかなる身体であれ、どんな性的な指向であれ、生殖にかかわろうと、かかわるまいと、人は尊重されるべきです。私たちの尊厳はいかなる性的指向であれ、いかなる身体であれ、微塵も揺るぎません。

3　異性間のセックス
——妊娠週数・安全日？・避妊

さて、今度は異性間のセックスに関して考えてみましょう。

ある日、ファミレスであなたが友達とご飯を食べていると、なんだか後ろのテーブルから声が聞こえてきます。ちょっと耳を澄ましてみましょうか。

男性：おー、おれら付き合って二か月やなー！
女性：うん……、そうやね……。
男性：？どうしたん？
女性：……あんなぁ。妊娠してるって言われてん。三か月なんやて。
男性：……はぁ？　つきあって二か月で、妊娠三か月ってどういうことやねん!?　おれと付き合う前に何してたんや！

女性：やから、あんたが初めてや言うてるやんか!!　だいたい、あんたが付けへんからや！　何考えてんねん！

……!?　これっていったい何が起こっているのかな？

この会話を紹介すると、いろんな声が上がります。「女性が浮気してた！」「女性が初めてやっていうのが嘘なんや！」「ともかく男がコンドームをつけないのが悪い」「ファミレスでこんな会話をしてるンがおかしいわ！」などなど。

この二人は「初めてセックスした日」を付き合うことに決めた日だと設定しているのですが……、いったいこの二人の会話の食い違いはどこから生まれているんでしょうか。

「あんたが付けへんからや！」という女性の声から、男性がコンドームを付けなかったことが推察できます。コンドームを付けてほしいという女性の声を男性が無視しているのであれば、まったくもって論外。それは暴力です。なぜなら、意図しない妊娠というリスク、また性感染症罹患のリスクを女性に背負わせているからです。

でも、この食い違いの原因は、それだけじゃないはず。この会話、特に女性とセックスする男性は、忘れずにおぼえておいてください。ぜ～ったいに、この男性と同じことを言ってはダメですよ。

（1）妊娠三か月？——妊娠週数の数え方を知る

そもそも「妊娠三か月」とは何なのでしょうか？　実は、妊娠週数の数え方はかなり特殊な数え方なのです。妊娠週数の数え方を知る前に、まず知っておくべきことがあります。それは「排卵は見た目ではわからない」ということです。

排卵とは、卵子が成熟して卵胞から飛び出している状態をいいます。排卵がなされることで、女性は妊娠可能な状態になっています。排卵された卵子が受精可能なのは二四時間です。排卵直後の二四時間だけ、受精できるんですね。

一方、射精された精子の女性体内での寿命は、七二時間といわれています。

さて、あなたのガールフレンドが明日排卵するか、明後日排卵するか、あなたにはわかりますか？　「二日後に排卵します」と彼女のおでこには書いていないですね。そう、「排卵は見た目ではわからない」のです。排卵検査薬や（基礎体温を調べる）荻野式によって、排卵日を調べることはできますが、それらは基本的に「妊娠したい人のためのもの」だと考えてください。

さて、なぜ先の女性と男性の会話がすれ違ったのかに話を戻します。二人は付き合うと決めた日に初めてセックスをしています。妊娠に至ったセックスをした日から何日、という日にちの数え方と、妊娠週数の数え方は、かなりズレているのです。

妊娠週数は、妊娠する前の最後の生理（月経）がはじまった日からカウントします。排卵は見た目ではわかりませんが、生理は（経血によって）目に見えるからです。妊娠する前の最後の生理開始日が、「妊娠一か月目」の最初の妊娠0週目にあたります。

排卵日、つまり受精が成立した時点で、すでに「妊娠一か月」の妊娠二週目。本来なら、生理が来るはずの妊娠四週目には、「妊娠二か月」に入っています。「生理全然来てない、ホントなら来てるはずなのに。二回もないなんて、やっぱおかしい!?」と、本来なら二回目の生理がくるはずだった日を迎える頃には、妊娠八週目、すでに「妊娠三か月」なのです（図1）。

ちなみに、高専の授業でさっき紹介したファミレスでの会話を扱ったとき、なぜ二人がすれ違っているのかを理解できる高専生はこれまでほとんどいませんでした。でも、もうわかりましたね！　妊娠週数は、最後の生理のときから数えはじめるので、セックスした日からカウントすると大幅にズレるのです！

さっき、「女が浮気してた！」「女性が初めてやっていうのが嘘なんや！」と思ったあなた……、覚えていてください、あなたが彼女を間違って罵倒することが避けられます！　妊娠週数の数え方は、「排卵は見た目ではわからない」ので、「妊娠する前の最後の生理が始まった日からカウントする」という、特殊な数え方をするのです。

たかが数え方。けれども、異性愛者の男性は、相手とな

妊娠1か月
0週目……妊娠前の最後の生理開始日
1週目
2週目……排卵日／受精成立。
受精成立後、受精卵が卵管内から子宮へ移動し着床
3週目

妊娠2か月
4週目……本来ならば生理予定日
あれ？
おかしいな…
5週目……妊娠検査薬を使うと妊娠反応が出る頃です。
6週目
7週目

妊娠3か月
8週目……本来なら2回目の生理予定日
あれ？
マジ？？？
胎児が人の形をしだすといわれています。
9週目
10週目……そろそろ心音が聞こえるといわれています。
11週目

妊娠4か月　12週～15週
妊娠5か月　16週～19週……いわゆる安定期
妊娠6か月　20週～24週……22週0日以降の出産：早産
※人工妊娠中絶が認められているのは22週未満（母体保護法）
妊娠10か月　37週～41週と6日までの出産：正期産

図1　妊娠週数の数え方

る女性の身体のことをまったく知らないまま、女性とセックスしているんじゃないのか？という疑問がふと浮かびます。もちろん、教えていない教育のあり方も大問題です（たとえば「性教育授業を都議が問題視、都教委指導へ　区教委は反論」『朝日新聞デジタル』二〇一八年三月二三日など）。他者の身体の状態を理解する、ということが知識として教えられないだなんて。だからこそ、今、勉強できるチャンスを手に入れたあなたは超幸せです。

（2）安全日ってあるんですか？

ときどき、「安全日ってあるんですか？」と聞かれます。「排卵は見た目ではわからない」ですし、そもそも排卵の仕組みは、非常に複雑です。「安全日ってあるんですか？」と聞きたい人は、以下の①〜⑥を覚えてください。

①脳の視床下部から性腺刺激ホルモン放出ホルモンが出て、それを下垂体が受け取る。
②下垂体が卵胞刺激ホルモンを分泌し、卵巣内の原始卵胞が発育、ひとつが成熟卵胞に。
③成熟卵胞が卵胞ホルモンを分泌。すると、卵胞ホルモンが出ていることを下垂体が受け取る（正のフィードバック）。子宮内膜が徐々に厚くなる。
④正のフィードバックにより、下垂体が黄体化ホルモンを分泌する。すると黄体化ホルモンの作用で、成熟卵胞から卵子が飛び出す、つまり排卵が起こる。
⑤卵胞は黄体という組織に変化し、黄体ホルモンを分泌。黄体ホルモンの作用で、子宮内膜が着床準備を整える。受精卵が子宮内膜に着床すれば、妊娠成立。
⑥妊娠しなかった場合は、黄体ホルモンの分泌が止まる（負のフィードバック）。いらなくなった子宮内膜がはがれて血液とともに体外に排出される（生理）。

……覚えられましたか？　これ、昔私が受けた保健体育のテストに出たんですが、正直、いつもうろ覚えになります。なので、覚えなければいけないことは、究極これだけです。複数の物質（ホルモン）が、身体（脳や卵胞や卵子）に作用して、排卵する。その物質の複雑な動きは目には見えない[3]。だからこそ「いつ排卵するかはわからない」。

「安全日ってありますか？」って聞かれたときには、こう返事するんです。「いつ排卵するかはわからないよ！」「避妊したいんだったら、安全日なんかないよ！」って。

もちろん、彼女の身体が妊娠する機能があるかどうかはわからないし、自分の射精した精液に精子がいるかどうかもわからない。わからないけど、「排卵は見た目ではわからない」し、「いつ排卵するかはわからない」。排卵は今日かもしれないし、明日かもしれない。キミの精子はやたらと元気かもしれない。今日のセックスで妊娠するかもしれない……。

思いもよらない妊娠の可能性を彼女に抱えさせて、あなたは〝ナマ〟でできますか？　「いつ排卵するかはわからない」のに、セックスのときに避妊しないとかありえないでしょ？　あなたが彼女に与えているのは、「きもちいいセックス」じゃなくて、「妊娠するかもしれない」という不安かもしれません。それってフェアじゃないよね。異性間のセックスにおいて、妊娠するかもしれない身体をもつ人に「妊娠するかも」という不安を抱えさせていることは、ちっともフェアじゃない。避妊は、きちんと相手に対峙することでもあります。

排卵の仕組みは、生理の仕組みでもあります。ガールフレンドの生理のしんどさを理解することも大事です。生理前や生理中の腹痛、頭痛、ねむけなどにより、少し、あるいはとてもしんどくなる女性もいます。なので排卵をコントロールするピルを服用し、生理時の身体的辛さを軽くしている人もいます。ピルは、避妊のためだけにあるのではないのです。

(3) 避妊

セックスはする前も後も、コミュニケーションが重要です。妊娠に関して、彼女と話し合って、何らかの合意はできましたか？　いちばん身近な避妊の道具は、コンドームですね。コンビニにも置いてあります。

コンドームは、ゴム（ラテックス）かポリウレタンのペニスを覆う袋です。異性間の膣ペニス性交の場合、コンドームは精液が膣の中に入るのを物理的に防ぎます。

ゴムアレルギーの人も、ポリウレタンのコンドームなら使用可能です。また、コンドームにはサイズがあります。サイズは、ペニスの長さではなくペニスの直径で決まります。フィットしないコンドームを使用すると、コンドームが外れてしまうというリスクがあります。適切なサイズのコンドームを使ってください。

ゴム（ラテックス）のコンドームは油に弱いです。潤滑剤を使用する場合は、水溶性のものを使用すること（ちなみにポリウレタンの場合は、油性でも大丈夫）。

八割くらいの人が仮性包茎《かせいほうけい》だといわれますが、その場合コンドームの外れにくい付け方をぜひ練習してくださいね。まず包皮を十分に下げ、コンドームをかぶせてしっかりと根元までいったん下ろした後、コンドームと包皮をフィットさせたまま、指でしっかり両方をおさえつつ亀頭方向へ押し上げ、さらに余った包皮部分に対し、コンドームを押し下げてください。外れにくくなります。

いわゆる先走り液（尿道球腺液やカウパー腺液などと呼ばれる）にも精子が含まれる可能性があるので、勃起したら、必ず挿入前に付けてください。

不本意にも「コンドームが外れた！ 排卵日にあたるのではないか？」という出来事が生じた場合、七二時間以内であれば産婦人科や救急外来でアフターピルを処方してもらい、服用することで、八〇％程度妊娠を防ぐことができるといわれています。

しかし、アフターピルを服用するということは、「妊娠する可能性を排除する」ということです。本当にそれでいいのか、きちんとお互いに話し合う必要がありますね。ただ、残念なことに七二時間という時間的制約があります。だからこそ異性とセックスする人は、セックスする前に、相手の人と話し合っておきましょう。妊娠する可能性と避妊について。そして「避妊して」と言っているガールフレンドに対して避妊をしないのは、まぎれもなく暴力であることを、忘れないでください。

ちなみにコンドームは、異性間、同性間問わず、性感染症を防ぐ非常に有効な手段です。

4 性感染症

性感染症とは、「性行為に伴って細菌、ウイルス、原虫などの病原体が伝播する多種類の感染症」[4]のことをいいます。端的にいうと、セックスでうつる病気です。たとえば、梅毒、淋菌感染症（いわゆる淋病）、毛じらみなどがあります。風邪が流行っているときに、マスクや手洗いをするのと同じように、感染ルートを遮断することによって、性感染症に罹患することを避けることができます。

感染ルートは、感染の原因となるウイルス・菌などによって異なります。けれど、特に感染ルートになりやすい場所として、粘膜をおぼえておくといいでしょう。粘膜は、口の中、まぶたの裏、膣、直腸など、皮膚と違って外部の影響をとても受けやすい場所です。

そこでコンドームです。性感染症を引き起こすウイルス・菌などと粘膜との接触を遮断する、優秀なアイテムがコンドーム。異性間の性交であれ、同性間の性交であれ、性感染症の予防においてコンドームは重要です。

性感染症として広く知られているＡＩＤＳ（後天性免疫不全症候群）を引き起こすＨＩＶ（人免疫不全ウイル

ス）とコンドームについて考えてみましょう。

　ＡＩＤＳはＨＩＶ（ヒト免疫不全ウイルス）に感染したことで免疫が低下し、それによって複数の病気（カポジ肉腫・ニューモシスチス肺炎など）に罹患している状態を指します。ちなみに一九九六年に画期的な治療法（多剤併用療法）が生まれたことによって、ＨＩＶに感染してもきちんと治療すれば、死ぬ病気ではなくなりました。母子感染も治療によって防げるそうです。

　ウェブサイト「ＨＩＶ・検査相談マップ」(5)によると、ＨＩＶは精液、膣分泌液、血液、母乳に含まれます。血液が接するような注射の回し打ちや、無防備なセックスの場面に感染の可能性が生じます。ＨＩＶの感染を予防しようと思った場合、体液と粘膜が接触しないようにする必要があります。

　コンドームをきちんと使用すると、膣ペニス性交の場合も、アナルセックスの場合も、粘膜と体液の接触を避けることが可能になります。特にアナルセックスの場合腸の粘膜が切れて血が出ることもあり、粘膜や粘膜の傷と体液の接触を防ぐために、コンドームがとても重要です。粘膜へのダメージを避けるために水溶性ゼリーを使うのも有効です。

　では、他の性感染症はどのように防ぐことができるでしょうか。感染ルートから考えてみましょう。

①**皮膚に傷がある場合にも感染する性感染症**：梅毒・Ｂ型肝炎……梅毒は症状に波があります。潰瘍や発疹などの症状が強く出た時期には、潰瘍や発疹と皮膚にある傷口との接解によっても感染のリスクが生じます。Ｂ型肝炎は未治療の場合、感染している人の血液が傷口にふれることで感染するリスクが生じます。

②**オーラルセックスで感染する性感染症**：梅毒・淋菌感染症（いわゆる淋病）・クラミジアなど……オーラルセックス（口と性器、フェラチオなど）で感染する性感染症があります。淋菌やクラミジアは粘膜である喉に感染します。場合によっては、咽頭炎というかたちで症状が出ます。

③**膣ペニス性交、アナルセックスなどで感染する性感染症**：梅毒・淋菌感染症・クラミジア・ＨＩＶ・Ｂ型肝炎・Ｃ型肝炎など……粘膜と体液の接触によって感染の可能性が生まれます。

④**例外として**：カンジタ（カンジタ菌）は女性の膣にいる常在菌です。性感染症でもありますが、単に女性の体調が悪化したことによって、発症する場合があります。外陰部に強い痒みが生じます。塗り薬や膣錠（膣に直接入れる薬）を用いて治療します。かかりつけの婦人科をもってお

くといいかもしれません。

しごくと膿が出る、なんかぐじゅぐじゅと炎症を起こしている、白いブツブツが外性器についている、など、いろんな症状があります。ナマでやっちゃった、コンドームつけてなかった、どうしよう。大丈夫、医療はあなたの味方です。速やかに病院に行って、治療しましょう(6)。各々の性感染症がどのような症状をもつのかは、国立感染症研究所などのウェブサイトにも詳しく書いてあります。

そうそう、パートナーがいる場合は、一緒に病院に行って、性感染症の治療をはじめてくださいね。せっかく治療しても、再度パートナーから罹患しては意味がありませんからね。

よく性感染症の予防のためには「不特定多数の人とセックスしない」ことが大事だといわれることがありますが、私は疑問に感じます。「特定の人」とコンドームをつけないセックスをすることにはリスクがないとでもいうのでしょうか？　「特定の人」の過去の性行動をすべて把握できるわけではないですし、愛では性感染症は防げません。「不特定多数」であろうと「特定の人」であろうと、性感染症を予防するためには、性感染症の知識が必要です。

異性でも、同性でも、誰が相手でも、仲良くなった相手と一緒にＨＩＶなどの性感染症の検査に行くのはおススメです。地域の保健所などでは、無料・匿名で検査をしてくれます。私も今の連れ合いと一緒に検査にいったことがあります。

性感染症の知識はもっておいて、罹患したら、病院に速やかに行きましょう。

5　人工妊娠中絶手術のことも知っておこう

異性間のセックスでコンドームが外れた、アフターピルも間に合わなかった。妊娠した。

そんな場合、日本では母体保護法により人工妊娠中絶手術が可能です。ただし、妊娠二二週未満まで。異性間のセックスをする人は頭に叩き込んでおきましょう。人工妊娠中絶は、妊娠二二週未満まで。

人工妊娠中絶手術は、胎児の大きさに合わせて手術方法が異なります。妊娠初期（一二週未満）なら、吸引法や*そうは法*など。妊娠中期（一二週～二二週未満）になると、子宮口を人工的に広げて、出産と同じかたちをとることになり、しっかり入院する必要が出てきます。つまり、妊娠週数によって、人工妊娠中絶手術による母体への負荷が異なるのです。

人工妊娠中絶手術が可能な、短い時間で答えを出すことが迫られます。人工妊娠中絶を検討するなかで、相手と自分との関係が浮き彫りになる場合もあります。自分が出した決定によって、相手との関係性が変わる場合もあります。

もちろん、子どもを自分で育てていくこともできるし、養子に出すこともできます。しかし日本の公立高等学校で、妊娠を理由にした中退が生じているのもまた事実です（文部科学省「公立の高等学校（全日制及び定時制）における妊娠を理由とした退学に係る実態把握結果」平成三〇年三月二九日）。

妊娠した女性側だけが学校を辞めさせられるのはおかしいですよね。学校は、子どもを育てる生徒・学生を支えるべき。ちなみに私は大学院一年目に子どもを生みましたが、指導教員・他の教員の理解に支えられて、子連れで授業に参加、授業中に授乳していました。妊娠を理由に女性の学ぶ権利が奪われるのは本当にダメ。変わるべきなのは、退学させてしまう学校側の価値観です。

6　「明確で自発的な合意」をめぐって

(1) 紅茶ならわかる。じゃあ、セックスなら？

セックスなんて自分には関係ない、という人もいるかもしれません。それはそれでよいと思います。けれども知識をもつことで、誰かの「合意のないセックス」をあなたが止められるかもしれない。

セックスにおける「合意」を考える上で、参考になったのは「Tea Consent」というBlue Seat Studiosの動画作品でした。

動画では、セックスを紅茶に置き換えて考えていきます。内容を紹介（一部簡略化）します。

「紅茶はいかが？」と尋ねたとき、相手が「飲みたかったんだ！　ぜひ！」と答えたら、相手も紅茶を飲みたいことがわかります。でも、相手が「どうしようかな、うーん」と答えたら？　仮に紅茶を淹れたとしても、相手がそれを飲もうとしなかったら？

重要なのはここです。相手に無理やり飲ませない。あなたが紅茶をわざわざ淹れたとしても、相手が「要りません」と言ったのならば、無理やり飲ませたり、怒ったりせずに、ただ、やめてください。紅茶は要らない、ただそれだけなのです。

紅茶を淹れている途中に、気が変わることもあるでしょう。せっかく淹れたのに！と怒らずに。相手が紅茶を飲む義務はないのですから。

相手が酔っていて意識がないなら？　意識のない人に紅茶は要りませんよね。あなたが紅茶の準備をしている間に、相手が意識を失っていたなら、紅茶を置いて、相手の安全の確認をしてください。

紅茶を飲んでいる最中に眠ってしまった、なんてときも、無理やり紅茶を飲まさない。

先週紅茶を飲んだ相手が、今日も飲みたいとは限りません。「先週は飲みたいって言ってたじゃないか！」と無理やり飲ませたりすることはありえません。

欲しくない人に紅茶を飲ませることが、どれほどばかげているのかを理解できるのであれば、セックスも同じです。「合意」がすべて。

(youtube.com/watch?v=oQbei5JGiT8)

寝ている相手の口元に紅茶を入れたカップを押しつけ、流し込もうとする様はとても滑稽です。だって、寝ているんだし、紅茶を飲むわけがないから。でも、酔って眠ってしまった人に対するレイプ事件は枚挙に暇がありません。紅茶なら、それがダメなことだとわかるのに、なぜセックスだとわからなくなるのか。

なぜ「合意」が重要なのか。それは、他者をリスペクトすることそのものだからです。他者の快を踏みにじって、あなたの快が在るのは間違っています。また、「合意」を確認することで、あなたが性暴力に加担せずにすみます。

（2）刑法と性暴力

ここのところ、性暴力に関する理不尽な判決をめぐる報道（「性暴力、無罪判決続き疑問　娘の同意なく性交――『抵抗著しく困難』否定」二〇一九年四月一七日朝日新聞デジタルなど）が続いています。そして性暴力を裁くはずである刑法の不備が繰り返し指摘されています[7]。

二〇一九年三月二六日の参議院予算委員会で、辰巳孝太郎参議院議員（当時）が「暴行脅迫要件」の撤廃を求めました。現行の刑法においては、被害者が激しく抵抗できなければ、強制性交等罪（刑法一七七条）における「暴行脅迫要件」が適用されません。途切れ途切れに抵抗した場合もまた、心神喪失や抗拒不能が認められないとして、準強制性交等罪（刑法一七八条）に問えなくなるのだそうです。「拒否の意志を示し、同意がないのは明らかなのに、現在の法律ではレイプとされない」現行の法は、被害者を蔑ろにしています。

現行の法は、被害者に非常に高いハードルを課しています。報道で目にするこれらの性暴力をめぐる判例は、日本のセックスにおける「合意」の歪みをあぶり出しています。泥酔して抵抗できない状態、「殺すぞ」と脅される状態、信頼していた人が突如豹変し、声が出なくなった状態、いったいどんな場所にいるのか認識さえできない状態、そんな状態のときに、セックスをする「合意」がどうやって可能になるのでしょうか。性暴力を受けた人が証拠を保全するために、身体も洗わず、警察に行かねばならない。その状況の過酷さはみなさんにも理解できるはずです。もちろん、性被害は女性だけではなく、男性にも起こります。性暴力、特に「合意」をめぐる身勝手な解釈を是認する日本の司法のありようは、私にとって理解不可能です。

二〇〇九年に出された国連の「女性に対する暴力に関する立法ハンドブック[8]」では、「性暴力とは、身体の統合性と性的自己決定を侵害するもの」と定義づけられています。同ハンドブックは、セックスには「明確で自発的な合意」が必要だとしています。痴漢も含めて、「明確で自発的な合意」のない身体接触は性暴力です。

なぜ性行為における「明確で自発的な合意」が重要なのか。「合意」とは、他者の生／権利をリスペクトすることそのものだからです。他者の身体に対峙するというのに、その他者の意向を踏みにじることがあっていいはずがありません。

7　関係を真摯に編むために

もしかすると性的なことが苦手、という読者の方もいたかもしれません。これまで「合意」の大切さを強調してきたように、望まない性的な場面に身を置く必要はありません。

しかしながら、身体に関する知識はもっておいてほしい、と思います。あなたが、身体に関する知識をもつことで、友達の意図しない妊娠を助けてあげられるかもしれません。性感染症の知識が必要な人にその知識を伝えられるかもしれません。知ることで変えられる未来があると信じています。

・私たちの身体の差異は、グラデーションのなかにあること。
・「排卵は見た目ではわからない」こと。

・コンドームでの避妊。
・性感染症にかかったかも、と思ったら、ためらわずに病院に行くこと。
・人工妊娠中絶は妊娠二二週未満まで。
・セックスには「明確で自発的な合意」が必要なこと。

特に異性間のセックスで生じるトラブルは、ジェンダーの問題が絡みがちです。私はいろんな人からセックスにまつわる話を聞いてきましたが、男性が「男らしく」セックスをしなければと思うあまり、相手である女性ときちんと向き合うことが忘れ去られている場面をよく耳にします。セックスにおいては、あなたが対峙する他者を何よりも（「男らしさ」よりも！）大事にしてください。

また、女性が性的な発言をすることに際して、ネガティブな評価を下す文化の影響によって、自分自身の欲望を口に出すことにためらいを感じている女性もいます。あなたの性的な欲望を尊重し、大切にしてください。それは素晴らしいことです。

「女らしく」、あるいは「男らしく」という規範は、文化として社会のなかに深く根ざしています。私自身は女性か、男性かどちらかの枠組みのなかで生きよ、と言われたら、非常に窮屈な思いがします。そこをひょいと乗り越えることはできないかな、どうやったら乗り越えられるかなと、私はいつも考えています。私たちは、懸命に、私たちの新しい関係を編んでいかないといけないのでしょう。

これまで、私たちは自分自身の性的な欲望を他者に開示するときに、その相手の声に、姿勢に、意志に、どれだけ対峙してきたのでしょうか。あるいは、どれほど誠実に他者に出会えてきたのでしょうか。

真摯に対峙できたなら、それはきっと素敵な出来事のはずです。自分の身体を知り、自分の欲望を知り、相手の身体を知り、相手の欲望を知り、相手が望むことと望まないことを考え、時に言葉を交わしあいながら、一緒に時間をすごす。それはとても愉しい時間だと思っています。

●注
（1）一対一ではなく、複数の関係を結ぶポリアモリーというあり方があります。
（2）『臨床泌尿器科』七一巻一〇号、二〇一七年九月。石田仁（二〇一九）
（3）妊娠したい人向けには、黄体化ホルモンの排卵がピークになるときを調べる（つまり排卵直前であることを調べる）排卵検査薬があります。
（4）上村悠（二〇一八）「性行為と性感染症」『治療』一〇〇巻一二号南山堂
（5）「HIV・相談検査マップ」https://www.hivkensa.com/
（6）HIVに関しては、感染してから一定期間、検査をしても感染しているのかわからない、ウインドーピリオドという期間があります。

（7）伊藤和子（二〇一九）。巻末に性犯罪・性暴力被害者のためのワンストップ支援センター一覧が収録されています。
（8）国連経済社会局女性の地位向上部、ヒューマンライツ・ナウ編訳（二〇一一）『女性に対する暴力に関する立法ハンドブック』信山社

■参考文献
石田仁（二〇一九）『はじめて学ぶＬＧＢＴ――基礎からトレンドまで』ナツメ社
伊藤和子（二〇一九）『なぜ、それが無罪なのか?!――性被害を軽視する日本の司法』ディスカヴァー・トゥエンティワン
佐藤文香監修、一橋大学社会学部佐藤文香ゼミ一同（二〇一九）『ジェンダーについて大学生が真剣に考えてみた――あなたがあなたらしくいられるための二九問』明石書店
森山至貴（二〇一七）『ＬＧＢＴを読みとく――クィア・スタディーズ入門』筑摩書房
風間孝・河口和也・守如子・赤枝香奈子（二〇一八）『教養のためのセクシュアリティ・スタディーズ』法律文化社

コラム 5

男性の育児休業

朝起きて、〇歳の子どもにミルクをあげオムツを替える。洗濯機を回し、子どもと遊びながら洗濯物を干す。抱っこ紐をつけ子どもを抱えながら一時間ほど散歩に行く。散歩途中で子どもがうとうとしはじめると家に戻り、昼寝をさせる。寝ている間に離乳食を準備し、起きたら昼食とミルクを与え、また一緒に遊ぶ。おやつとミルクをあげてまた昼寝させ、起きたら一緒に遊んで、夕方までに風呂に入れる。離乳食の準備をして夕食を食べさせ、子どもはミルクを飲みながら就寝。夜は三時間毎にお腹が空いたと泣くのでミルクをあげてまた寝かせる。日々離乳食の本を見ながら月齢にあう献立を考えている間に、子どもはハイハイしていたのが、つかまり立ちをし、そして歩くまでに成長していく。

世界中どこにでもある育児の風景だと思うが、育児をしている姿に男性をイメージする人はほとんどいないのではないだろうか。子どもが生後六か月から一歳にかけての半年間、妻が仕事に行っている間、毎日このようにして父親としての育児休業期間を過ごした。

本コラムのタイトルである〝男性の〟育児休業。すでにふらっとではない。育休（育児休業）とは、子供を養育する労働者が法律に基づいて取得できる休業のことであり、女性労働者が取得する産休（産前産後休業）と違い、性別を問わず認められた権利である。私が勤務しているのは教職員合わせて一二〇人程度の学校で、男性は八〇人前後。五〇年を超える歴史のなかで男性の長期育休取得は私が初めてだった。これは、本校の育児休業制度に問題があるわけではなく、そもそも男性が長期の育休を取るという発想がこれまでの世代にはなかっただけであろう。最近は、男性が育休を取るのは当たり前となる方向へ社会は動いているが、周りでは男性が育休を取ったという話はまだほとんど聞かない。

男性が育休を取らない一般的な理由として、家計への影響があげられる。育児休業給付金が雇用保険から支給されるとはいえ、本来の給与からは減ってしまう。しかしもっと大きな理由は職場の環境だろう。育休を取ろうとすると、上司から出世に響くと言われるなど、育休を取りにくい雰囲気の職場も少なくない。しかし、これらはどれも女性の労働者についても当てはまることであり、男性だけが育児休業を取らない理由にはならない。幸い私は育休期間中に代わりの常勤教員を雇ってもらえたし、復職後も前と変わらず仕事ができている。今後はこのような職場が増えていくはずだ。

育休を取っていた時〇歳だった子どもはもうすぐ小学生になる。思い出はどんどん上書きされ、今では当時の散歩道を歩いたときにふと懐かしく思うくらいになったが、それも日々の成長を楽しんでいるということだろう。人生でほんの数年しかない子どもの成長を間近で感じられる機会、その貴重な経験について自分の意識を変えることはそれほど難しいことではない。

本書が改訂を重ねていくと仮定して、そう遠くない将来に、このコラムが時代遅れとなり削除されることを期待したい。

（楢崎　亮）

コラム 6

心とからだのプロフェッショナル!? 養護教諭って何だ!?

十代後半から社会に出るまでの間、私たちの生活の大部分は「学校」という〝小さな社会〟のなかにある。そのなかでは、成績が良いか悪いか、足が速いか遅いか、周囲から人気があるか、そうでないか、さまざまなことで評価される。評価されることで、他人との優劣を意識してしまい、気持ちが落ち込むこともあるだろう。

実は私もそのような経験をしたことがある。思うように成績が伸びず、「勉強なんて楽しくない、学校なんて嫌だな」と思っていたとき、ケガをしたわけでも、お腹が痛いわけでもなかったが、ふらっと保健室を訪ねた。養護教諭の先生は私の話を否定せず、「そうか、そうか、それはしんどかったね」とじっくり聞いてくれた。保健室を出るときには、少し心が軽くなっていたのを覚えている。

いま、みなさんは、一般的に「からだの変化や、恋愛、性について、特に興味をもちはじめる年齢」だといわれている。しかし、それには個人差がある。「周囲の友人は恋愛話で夢中だけど、自分は異性に興味がもてない」「なんだか周りの子と自分は違う気がする」と感じている人もいるだろう。ほかにも、「気になる子はいるけれど、意識してしまってどう接したらいいのかわからない」「一般的なからだと性の話は、自分事にしにくい、違和感を覚える……」と思っている人もいるかもしれない。人によって感じ方、考え方はさまざまだ。

「なんだか心のなかにモヤモヤしたものが残っているけれど、友人や親には話しにくかったり、相談してみたくても、話した後の反応がどうなるのか怖かったり……、そもそも誰に話したらいいのか、わからない」こんな経験をした人もいるのではないだろうか。そんなときは、保健室を思い出してほしい。

保健室は、周囲の評価に関係なく、どんな成績の子も、足が速い子も遅い子も、おしゃべりが好きな子も、おとなしい子も、みんなが大切にされる場所だ。

養護教諭は、言葉にしにくい思いも、日々のちょっとしたモヤモヤも、ありのままのあなたを受けとめる。そして、あなたが何らかの助けが欲しくても、助けを求める先がわからないとき、養護教諭はあなたと一緒にサポートしてくれる人を探す。「何かあったら保健室に駆け込めばいいんや!」といった、なんでも相談できる窓口になりたいと思っている。そんな養護教諭のいる保健室が、みなさんの〝小さな社会〟のなかの安心できる場所のひとつになりますように……。

（高橋　舞）

第4部

労働

第7章

「最底辺」から建設業界を支えてきた労働者たち

釜ヶ崎（あいりん）地区日雇建設労働者の闘い

住田　一郎

1　釜ヶ崎（あいりん）地区ってどこ？

みなさんは釜ヶ崎《かまがさき》という場所を知っていますか。あべのハルカスから西南に歩いて一〇分ほど、国道四三号線に沿って行けば、そこが釜ヶ崎です。明治時代の地図には「今宮村字釜ヶ崎」と記載されていますが、現在の地図には釜ヶ崎という地名は載っていません。なぜでしょうか。

近代化にともなって大阪の街は大都市に成長してきました。しかし、その陰で貧しい人々は、市外へと追いやられていきます。一九〇三（明治三六）年には、今の通天閣が建つ新世界で、第五回内国勧業博覧会が開催されることになり、周辺住民たちは立ち退かされ、今の釜ケ崎や恵美須町あたりへ追いやられました。その後一九二二（大正一一）年の町名の改称で「釜ヶ崎」の地名は地図から消えていきますが、俗称として今も残っています。その理由は明らかではありませんが、みなさんはどうしてだと思いますか。

私は、自分たちの生活の場所を、行政（つまりお上）から勝手に変えられることに抵抗したのではないかと思っています。抵抗、というほど大げさなものでなくても、そこで生活している実感から、釜ヶ崎という、自分たちの住む場所の名前を、時代を越えて手渡してきたのではないか、と想像しています。

ここにはもうひとつの俗称があります。「あいりん地区」といいます。この俗称はどのように生まれたのでしょう。

後でも述べますが、一九六一（昭和三六）年に「釜ヶ崎暴動」が起こります。その後、釜ヶ崎対策に関する三者会議（大阪府・大阪市・大阪府警）で使用が決められた「あいりん地区」（愛隣地区）という呼称を、「釜ヶ崎暴動」を報道するマスコミも使うようになって、広く知られることになりました。でもなぜ地名を新しくしたのでしょうか。

「あいりん」というひらがなの表記は、なんとなく優しい感じがします。でも、そのころの労働者の現実は過酷なものでした。府や市や警察といった、暴動が起きる原因を徹底的に考えなければならない人たちが、名前をまず変えようとした。そのことで何が隠されたのか、みなさんも考えてみてください。なぜ、二つの呼び名をもつことになったのか、そこに釜ヶ崎・あいりん地区の歴史が刻まれているように思います。

　釜ヶ崎は、日本有数の日雇労働者の町として、多くのドヤ（簡易宿泊所）が立ち並び、一九七〇（昭和四五）年の日本万国博覧会はもちろんのこと、大阪、そして日本の高度経済成長期の建設ラッシュを担いました。しかし、過酷な現場で日々働いてきた労働者たちも高齢化が進んでいます。そのため、仕事がなく野宿者となっている人たちも多くいます。

写真１　あいりん総合センター前景（筆者撮影）

　釜ヶ崎には現代の日本が抱えるさまざまな問題がひしめいています。貧困、高齢化、生活保護や介護といった福祉のあり方……、この町はそうした問題を深く考えさせてくれる場所なのです。

　そのため、この町には、福祉や行政の関係者、研究者や学生など、たくさんの人たちがフィールドワークにやってきます。「現場に足を運ぶ」のはとても大事なことです。そこに生きる人たちの生の声を聴き、野宿するおっちゃんたちの姿を見、炊き出しを手伝い……、そうして、学んだことが実感になっていく経験を、ぜひみなさんにもしてほしいと思います。

　さて、釜ヶ崎フィールドワークはみなさんが実際に行ってみることを期待して、本章ではもう少し違った視点から釜ヶ崎を語ってみたいと思います。それは、時間軸でのフィールドワークといったらいいでしょうか。普通フィールドワークというのは「今」とその時点の「空間」を見ることが多いと思います。本章では、労働者が、いつ、どのようにして釜ヶ崎にやってきたのか、過酷な労働条件の下で、どのように自分たちの権利を獲得していったのか、また、変わりつつある釜ヶ崎の今をお話ししようと思います。

　私は、一九七七（昭和五二）年に釜ヶ崎の西成労働福祉センターに勤めはじめました。後でも述べますが、西成労働福祉センターは、野放し状態の過酷な労働状況を改善するために作られた大阪府の外郭団体です。外郭団体というのは、官公庁の組織の外にあって、行政を補完する組織のことです。あいりん公共職業安定所、大阪社会医療センターと合わせて、「あいりん総合センター」という建物の中におかれています（写真1）。現在は老朽化のため建て替え工事が進められ、南海電車の高架下に仮センターが置かれています。

2 活気に満ちていた労働者の町

(1) 大阪万博を支えた労働者たち

高度成長期、オリンピックに続き日本を活気づかせたのが、大阪万博でした。一九七〇（昭和四五）年、今の万博公園（大阪府吹田市）で開催されたこの博覧会は、戦後復興著しい日本を世界に認知させる大イベントでした。未来への希望と夢を託して、入場者数六四〇〇万人を超える華々しい成功を収めました。

万博開催を前に、大阪は建築ラッシュに沸き返りました。各国パビリオンや大掛かりな関連整備工事が突貫工事で建設されました。建設労働者の需要は大幅に増えていきます。人手がいくらでもほしかったのです。

一方で、日本の産業構造の大きな変化がありました。エネルギーが石炭から石油へ転換するなか、九州や北海道では炭鉱が次々と閉鎖され、仕事を失った人たちが多くいました。また高度成長にともなって、都会と農村部での経済格差も広がっていました。農家の若者や働き盛りの男たちは、現金収入を求めて、日雇建設労働者の需要が高まる都市、釜ヶ崎にやってきたのです。

彼ら釜ヶ崎の日雇労働者なくしては、大阪万博の開催と成功、そして今の大阪の都市風景はなかったでしょう。

(2) 活気づく釜ヶ崎

釜ヶ崎の朝は今も昔もとても早いです。特に七〇年代から八〇年代は、高度経済成長・バブル経済を追い風に、近畿一円で建築ラッシュが続きました。あいりん総合センターのシャッターが開く午前五時よりもっと早く、四時頃にはもう求人の車が並んでいました。東は滋賀県栗東、西は姫路方面から、センターの敷地に入りきれない求人車が周辺の道路にあふれ出し、三〇〇台を超える車でひしめきあっていました。日雇労働者も、少しでも条件のいい仕事を求めて周辺のドヤから朝早くやってきます。こうして、一九八〇年代後半は一日七〇〇〇名にも達する日雇労働者が各地に向かっていきました。

現在は、往時の賑わいが嘘のような地区内の萩之茶屋商店街にも、かつては多くの時計店や貴金属店が賑わいを見せていました。

なぜ、時計屋や宝石屋が多いのかわかりますか。私は労働者からこんな話を聞き、なるほどと納得しました。「自分らの多くは住民票も、身分証明書もないからな、銀行口座が作られへん。そやけど、飯場《はんば》で二か月も働けば数十万円にはなる。大金やからドヤに置いておくわけにもいかんわな。でも高級時計や純金のネックレスやブレスレットに替えておけば、お金が必要なときにはそれを質屋に入れて金を都合することができるんや」ということでした。

飯場というのは、労働者のために建てられた簡易な宿泊場所のことです。食事と寝る場所が用意されますが、大部屋であったり、食事も粗末なことが多く、決して快適なわけではありません。しかし、寝食が付いていますから、それなりにまとまった収入が入ります。でも銀行口座はない。そこで、時計や貴金属が銀行口座代わりというわけです。こうして、日雇労働者は毎日、衣食住その他の消費活動で、釜ヶ崎地区に一億円近い金を落としていたのです。

七〇年代、八〇年代の日雇労働者の町釜ヶ崎は活気に満ちていました。

（3）俺たちも人間ぞ！

高度成長期の日本は、新幹線の開通、近代的なビルの建設ラッシュや、電化製品の普及など、豊かさを実感しはじめます。こうした変化を光の部分とすれば、その陰には日雇労働者たちがいました。彼らは労働者の権利を守られることなく、いわゆる「青空労働市場」のまま放置されていました。

「青空労働市場」というのは、職業安定所などの公的な機関を通さずに、直接、路上つまり「青空」で労働者を手配することです。仕事を斡旋するいわゆる手配師と労働者が一対一で交渉します。当然ながら公的な監督の目が届いていませんから、条件と違ったり、ピンハネされたり、けがをしても補償はない、といったトラブルも多かったのです。しかし、違法を取り締まり、適切な労働環境を守るための労働行政施策はほとんど機能していませんでした。

しかし、ついに労働者の怒りが沸き上がります。一九六一（昭和三六）年八月の第一次釜ヶ崎暴動です。最初は偶発的な出来事でした。タクシーにはねられ死亡した労働者の遺体を、西成警察署が、被害者はもう死んでいるからと、現場検証が終わるまで路上に放置したのです。これを見ていた日雇労働者は、この警察の扱いに抗議の声を上げ、抗議はさらに暴動へと発展しました。きっかけは偶発的なものでしたが、その背景には、日ごろの日雇労働者に対する差別的な言動や、非人間的な扱いをくり返してきた警察への怒りがありました。同時に、労働者の怒りは彼らの過酷な労働実態をも浮き彫りにすることになりました。

職業安定法によって禁止されているはずの「人夫《にんぷ》出《だ》し（違法な労働者派遣行為）」業者が、堂々と路上で労働者に声をかけている実態を、警察も行政も知っていながら、何もしようとはしませんでした。賃金の不払いやピンハネ、労災保険の不適用等々によって労働者としての権利がまったく無視された「青空労働市場」が、高度成長期の日本では当然のように行われていました。

さらにひどい実態として、「タコ部屋」や「暴力飯場」といった、前借金や暴力によって、宿泊所から逃げ出せないように拘束し、強制的に働かせるようなことも横行していました。釜ヶ崎暴動は、こうした労働の実態に対する抗議であると同時に、「俺たちも人間ぞ！」との雄たけびでもあったのです。

3　働く者の権利と誇りを勝ち取る闘いへ

（1）西成労働福祉センターの設立

この状況を何とかしなければと、翌年の一九六二年九月、急遽西成労働福祉センター（以下、西成センター）が大阪府労働部の外郭団体として設立されました。これまでまったく釜ヶ崎の地で職業安定業務を行ってこなかったあいりん公共職業安定所（以下、あいりん職安）が、暴動後に直接業務にかかわることはほぼ不可能だと思われました。そこで、新しい機関として、官民合同で設立された外郭組織西成センターがその役割を担うことになりました。

労働者が自由に出入りできる開放的な西成センター事務所には、労働者が毎日相談にやってきます。現場での労働条件が違う、賃金が違う、不払いがあった、現場で事故にあったが労災手続きを取ってもらえない等々、西成センターはいつしか彼らの「総合相談窓口」になっていきました。待ったなしの労災患者やその日の生活に困る賃金未払い相談者には、職員がポケットマネーで対応せざるを得ないこともしばしばでした。毎日の労働者の相談を聞く以上、西成センターは、日雇労働者の労働実態に沿うように臨機応変に対応せざるを得なかったのです。

釜ヶ崎という地域や雇用実態は確かに「特殊」です。しかしその「特殊性」を、「法的にあってはならない状況」だと否定するのではなく、まず、置かれた状況を認識する必要があるのではないか。こうして西成センターは、「靴に足を合わせるのではなく、足に靴を合わせる」業務を模索しながら新たに展開していくことになります。

（２）青空労働市場の改善に向けて

まず取り組んだのは、「青空労働市場」の改善でしたが、それは厳しく困難な業務でした。まず、早朝、数千名もの日雇労働者が集まる「青空労働市場」現場に職員が出向き、直接事業所ごとに求人条件を聴き取る作業を行いました。同時に、本来違法な「人夫出し」業者も含めて、西成センターへの事業所登録をしてもらい、「青空労働市場」の実態をきちんと把握しました。違法業者であっても、それが「実態」だからです。

一九七〇（昭和四五）年一〇月には、あいりん総合センターが竣工し、西成労働福祉センター、あいりん職安、大阪社会医療センターが入り、それぞれの業務を開始しました。

「青空労働市場」改善のために、あいりん総合センター内および周辺での求人活動を行う事業所は、西成センターに事業所登録すること、労働条件を表記したセンター発行の求人プラカードで求人するしくみを作りました。これで、口約束だけで不明瞭だった雇用条件を明確にすることができます。また、業務の開始は早朝五時四五分からですが、それより早い時刻の求人は把握できません。そこで、月に一回、前日から泊まり込んで、朝五時から業務をはじめました。また、労働者の就労現場や宿所の状況を把握するため、近畿一円から北陸・東海地方まで各事業所を回りました。そうした訪問により、労働者の働く様子を確認し、また業者からの要望・意見も積極的に聴き取ることができたのです。

（３）力を合わせて――労働組合とセンターの協同

改善は決してスムースにいったわけではありません。大きく改善に向かったのは、一九七〇年代に設立された釜ヶ崎日雇労働組合（以下、釜日労）の存在とその活動があったからです。

各地にはまだ「暴力飯場」や「タコ部屋」、「ケタオチ事業所（賃金未払や労災隠し等々）」が数多くありました。これらの事業所に対して、釜日労のメンバーは直接飯場まで出向いて、労働者と共同で交渉に当たりました。労働者に対する暴力行為への謝罪、粗末な飯場めしをはじめ飯場環境の改善等々、「就労の正常化」を勝ち取ってきたのです。

一方、こうした釜日労の交渉の成果を実行力のあるものとするためには、公的な機関のしくみが必要です。そこで、賃金の未払いや労災手続きは、西成センターの紹介係・相談係・労災係がそれぞれ受け皿となって対応することになりました。

労働者の賃金に関しても成果を上げていきます。日本では毎年春に「春闘」といって、賃金の引上げや労働時間の短縮などといった労働条件の改善を交渉する労働運動が行われています。釜ヶ崎ではさまざまな団体が共闘して、「釜ヶ崎春闘」に取り組んでいました。八〇年代に入り、釜日労はこの春闘で求人事業所ごとに労働者自身が直接交渉に臨む大衆団交を実施し、毎年五〇〇円の賃上げを実現しました。当初一般土工で八〇〇〇円前後であった賃金はバブルが崩壊する前の一九八九（昭和六四・平成元）年には一万三五〇〇円にまで引き上げることができました。粘り強い交渉の成果です。

（4）労働者を守る制度を！

「土方《どかた》殺すにゃ刃物はいらぬ、雨の三日も降ればよい」。雨が降れば仕事は休み、その日の稼ぎはありません。みなさんは「売血《ばいけつ》」という制度は知らないでしょうね。その頃は献血だけでなく、旧ミドリ十字などの営利企業によって血液が売り買いされていたのです。持ち金が底をつくと、労働者は自らの血を売ってしのぐことも珍しくはありませんでした。

人間ですから、当然病気やけがもするし、一時的に失業することもあります。病気やけがをしたときには健康保険があります。仕事を失えば雇用保険が使えますし、退職したら退職金が支払われます。こうした制度を「社会的セーフティネット」といいます。人生のなかで何かあったとき、人間らしい暮らしを支える最低限の支えを、国や自治体はきちんと整えなくてはならない責任があります。

しかし、釜ヶ崎で働く日雇いの労働者にはそうした制度は普及していませんでした。建築現場でけがをして仕事ができなくなっても自分の責任、それが当たり前だった時代が長く続きました。日雇労働者は「雇用の調整弁」と言われるように、仕事がなくなれば、簡単に切って捨てられる存在です。企業にとれば、「働く人間」ではなく、いわば「機械の部品」でしかありません。いくらでも取り換えがきくし、動かなくなったら捨てればいい。仕事がなくなった後、労働者の生活を支えるという発想はまったくなかったのです。

西成センターは、釜ヶ崎の日雇労働者の生活を安定させるために、日雇雇用保険手帳の普及を推し進めることに着手します。この保険があれば、仕事がない状態がしばらく続いても、なんとか数日間の生活は維持できます。

しかし、手帳を取得するためには住民票が必要です。ところが、故郷の住所のままにしていたり、一家離散していたり、さまざまな事情で住民票を手に入れにくい人もいました。また長く故郷を離れていて親族から失踪届を出され、戸籍さえ抹消されたケースも少なからずありました。

ここで、全日本港湾労働組合西成分会（以下、西成分会）が大きな働きをしました。一九六三（昭和三八）年に地域内に組織された西成分会は、大阪府労働部と粘り強い交渉を行いました。住民票の問題は、「ドヤ証明（宿泊している簡易宿泊所の証明）」を住民票の代替措置として認めさせることで越えることができました。また、当初給付額も少なかったのですが、西成分会による大阪府労働部との交渉の結果、「福利厚生措置費（通称ソーメン代・モチ代）」（ボーナスに当たる）が一九七一（昭和四六）年に給付されることになりました。手帳所持者であれば全員に支給されることになったのです。こうして、一九七三（昭和四八）年一〇月の石油ショックによる仕事の大幅な減少もあって、雇用保険手帳を取得する労働者は飛躍的に増えていきました。

次に問題となったのが、雇用保険手帳に貼る印紙です。印紙とは、国に保険料を納めたという証明に当たる切手の形をした紙片です。釜ヶ崎労働者の就労先である多くの零細事業所には、この印紙手続きを取っていないところも多かったのです。そこで西成分会は、公共職業安定所に対し零細事業所にも徹底した指導を行うことを要請するとともに、経過措置として、事業所による「就労証明書」があればそれを印紙代わりとすることを認めさせました。

次は病気やけがのときの保険です。「３Ｋ現場（キツイ・キケン・キタナイの三つのＫの現場）」で働く日雇労働者にとって、健康管理は大切です。しかし、残念ながら独り身での栄養摂取の偏り、また厳しい工事現場での肉体労働による疲労やけがなど、健康を損なうことも少なくありません。

あいりん総合センターにある、大阪社会医療センターでは、借用書を書けば支払いは後でよいということで、実質無料で地区内の建設労働者を診察してくれていました。しかし、他の医療機関ではそうはいきません。

釜ヶ崎は今でも、結核罹患率が全国一です。二〇一八（平成三〇）年、公益法人結核予防会の統計によると、人口一〇万人あたりの罹患率が、全国平均は一二・三人ですが、大阪市は二九・三人、倍以上の罹患率です。さらに釜ヶ崎の罹患率は、全国の二七倍（西成区保健福祉センター調べ）です。栄養状態の悪さや過酷な労働状況が結核を引き起こしているのは明らかです。でも、日雇である労働者の多くは健康保険証を持っていません。本来彼らのために設けられた日雇健康保険も活用されていませんでした。なぜなら、保険料を納入する代わりに貼る印紙代が高くて払えないからです。

ここでも西成分会が活躍します。彼らは、釜ヶ崎の日雇労働者が働いている多くの雇用事業所の厳しい実態を知っています。そこで交渉を重ね、印紙がなくても就労先の事業所から「就労申立書」を発行してもらえば、所轄の玉出社会保険事務所（西成センター内に窓口を開設）で、「傷病手当金」が支払われる特例措置を勝ち取りました。さらに、一九七六（昭和五一）年には日雇健康保険の「傷病手当金」の支給期間がこれまでの一か月から六か月へ、結核の場合は一年六か月に延長されました。こうして、病気になった労働者もゆっくり治療に専念することができるようになったのです。

4 路上に放り出された労働者たち

(1) バブル崩壊——野宿者の急増

日々の生活のなかで最もお金がかかるのは、今夜一晩寝るためのドヤ代です。当時の釜ヶ崎では一泊一五〇〇円が相場でした。

一九八九（昭和六四・平成元）年のバブルの崩壊による景気後退とともに、「雇用の調整弁」とされた釜ヶ崎の日雇建設労働者は、真っ先に解雇されました。釜ヶ崎内の公園や天王寺公園横の路上や、再開発前の大阪市立大学病院裏周辺にアオカン（野宿）労働者が増えはじめました。一九九八（平成一〇）年八月の大阪市立大学の調査結果によれば、市内で八六六〇名もの野宿者が確認されています。冬には凍死者も出、また少年たちが野宿労働者に暴行を加える事件も起きました。

野宿者の多くは年配の労働者たちでした。一九七〇年の大阪万博に日本各地から釜ヶ崎に吸い寄せられてきた当時二十～三十代の若者たちは、この時五十五歳を超える年齢に達していました。頼みの日雇雇用保険のアブレ手当も、失業前の二か月間に二六日働くという要件を満たすことができず、収入は急激に減少し、ドヤ代が払えず野宿生活をせざるを得ない状況だったのです。バブルが崩壊する前の一九八九年度には、西成センターで扱う、日雇でその日現金で支払われる求人（これを現金求人といいます）の数は一八七万四五〇七人でした。それが、一九九七年度には七七万五七四〇人（八九年度比四一・四％）、そして、二〇一六年度には二四万八二二〇人（一三・三％）まで求人数が激減したのです。

釜ヶ崎の高齢建設労働者の雇用が厳しくなっていった原因はほかにもあります。まず、建設業界で機械化が進んだことです。最新の大型機械に雇用の機会を大幅に奪われたのです。二つ目は、全体の仕事量そのものの急激な減少です。それまでさまざまな技能の資格がなくても、また高齢者であっても需要はあったのですが、不況のなかでは、高齢労働者がまず先に排除されていきました。三つ目は、労災事故の心配です。労災事故の多い高齢労働者の就労が敬遠されるようになりました。

しかし、長年建設現場で仕事をしてきた高齢労働者は、巧みな技術を身につけたオールマイティな職人たちです。鉄筋・仮枠大工・左官等もひと通りこなすことができます。

ある高齢労働者はこんな話をしてくれました。「ガス管や水道管を入れるための手掘りの仕事に就いたとするな。ときには大学生のアルバイトと一緒になる。最初は、大学生は馬力もあるし、掘り進める速度も速い。ところが、一時間もすれば大学生は疲れてへとへとや。そっからがわしらの勝負やな。穴掘るとき、大学生は力いっぱい、頭の高いところからつるはしを闇雲に振り下ろしよる。無駄な力を使うてるんや。わしらはまず初めにな、シャベルが入るだけの細い穴を掘るんや。次にな、地面の上かわは固いから、柔らかい下の方を横から掘るんや。ほんで地面の上かわをつるはしでたたく。そしたら上の土はポロンと崩れて、簡単に早く掘れんねん」。さすが、身についたベテランの技術というわけです。しかし、それまで小さな現場では重宝がられていたこうした労働者にも、求人は来なくなりました。

（２）野宿のおっちゃんたちを路上から住まいへ

釜ヶ崎合同労組は長年、西成警察裏の四角公園（萩之茶屋中公園）で、朝夕二回炊き出しを続けていましたが、仕事を失った野宿者のために、バブル崩壊後、労働者自身が組織した反失業連絡会議（以下、反失連）も、火曜日と土曜日に昼食時、三角公園（萩之茶屋南公園）で炊き出しをはじめました。この昼食には一六〇〇名もの労働者が並ぶのも珍しくありませんでした。二つの炊き出しには釜ヶ崎協友会（世界でも珍しい、キリスト教のカソリックとプロテスタントの合同組織）が資金援助やボランティアとして大きな力を発揮しています。

さらに、自分たちの暮らしと命を守るための行動を起こします。反失連は府と市の議会へ、仕事と生活保障を求めて役所前で座り込みの請願行動をくり返し行いました。しかし、継続審議になったまま進まず、反失連は、西成センターに対して大衆団交を要請しました。本来、西成センターは直接仕事を提供できる機関ではありません。しかし、目の前にいる疲弊しきった顔なじみの労働者の顔をみれば、拒否できるはずはありません。そこで新たに、五十五歳以上の高齢者を対象に「高年齢者特別清掃事業」（以下、特別清掃）を獲得することができました（一九九九（平成一一）年度からは反失連が組織したＮＰＯ法人「釜ヶ崎支援機構」に事業委託）。この事業は一九九四（平成六）年の年間雇用者四六八〇名からスタートし、現在では一日二〇〇名規模で、仕事にアブれた労働者の暮らしをわずかながらも支えています。

特別清掃では、公園など地域内の清掃や、地区外のバス停、市立幼稚園・保育所などの施設の修理やメンテナンスをする営繕の仕事を行っています。一〇名前後の高齢労働者を一つのグループとして、責任者をつけて仕事にあたります。派遣先の幼稚園や保育所からの評判もよく、たくさんの感謝状や便りが届いています。特別清掃の高齢労働者たちはベテランの建設労働者ですから、営繕などはお手のものです。労働者も、自分の孫のような年齢の子どもたちの前で技術を発揮できるのですから、やりがいがあるに違いありません。

東京都でも、「特出《とくだ》し」といって、同じような制度があります。以前その担当者から「なぜ、釜ヶ崎の特別清掃に携わっている労働者はよく働くのですか」と聞かれて、驚きました。東京ではそうではないらしいのです（今は違うかもしれませんが）。そこで『特出し』の労働者はどこに働きに行くのですか」と聞くと、二〇〇名ぐらいの労働者を大きな墓地や公園に連れていき、周辺をうろつかないという規則と時間を守ればそれでいいらしいのです。仕事内容そのものにやりがいが乏しいのです。何か、日雇労働者を厄介者扱いしている感じがぬぐえないなぁ、と感じました。就労先から感謝される対応もほとんどないようです。やはり釜ヶ崎の場合、特別清掃は自分たちの交渉で勝ち取ったとの自負が、仕事への情熱にもつながっているようです。

さらに、もう一つの対策として、西成センターが実現した「建設業退職金共済（建退共）制度」の普及があります。この制度による建退共手帳が交付されると、公共事業現場に数年間従事していれば、二〇万円足らずですが、共済組合から退職金が支払われるものです。このお金があれば、日雇労働者はドヤではなく、あいりん周辺にアパートを借りることができ、生活保護も受給できます。しかし、労働者を実際に雇用しているのは、二次、三次受けの零細下請け業者で、建退共制度に入っていないところがほとんどでした。その実態を知りながら、大手ゼネコンは制度加入者がいないのだから支払先もないとみなし、本来労働者に支払うべき年間七〇〇〇万円もの印紙を、自社の収入に組み入れていました。

写真２　1994 年西成労働センターとの交渉風景
（提供：釜ヶ崎資料センター）

一九九九（平成一一）年六月、西成センターは建退共手帳を西成センターで発行できるように労働省と交渉し、二〇〇〇（平成一二）年より福祉課窓口での発行手続きを開始しました。しかし、最も救済されるべき、アパートを借りるお金もない野宿労働者やドヤ住まいの人（旅人とみなされる）は、大阪市に居住していると認められず、依然として生活保護を申請することはできませんでした。二〇〇二（平成一四）年、ようやく国の「ホームレス自立支援法」ができて、生活保護が認められるようになりました。

5　労働者、そして労働とは

よく「自己責任」ということばを聞きます。格差社会がますます進み、貧しいのは自分の責任、働かなかったら貧乏なのは当然、そんな冷たいことばが多く聞かれるようになりました。しかしはたして、すべてその人の責任で済ますことができるでしょうか。

本章では釜ヶ崎の移り変わりを見てきました。明治の内国勧業博覧会、日本の産業構造の転換や大阪万博、あるいは高度成長とバブル崩壊など、大きな時代の流れのなかで、釜ヶ崎の今があります。労働者たちは田舎から、あるいは炭鉱から、日本の産業構造の転換にともなっていわば社会の「要望」によって集められ、高度経済成長期の建設業界を底の底から支えてきました。そんな彼らを、不況になったからと切り捨ててきたのが、日本の社会だったのです。

今日釜ヶ崎の日雇労働者は「福祉の対象」として見られがちです。しかし、彼らは決して社会から疎外された「かわいそうな人たち」ではありません。過酷な建設現場で労働者として汗し、「権利の主体」として声を上げ、そして数々の成果を闘い取ってきた誇りある人々です。その過程には、労働組合に集まった一人ひとりの労働者の姿がありました。西成センターは、彼らに寄り添いながら、勝ち取った権利を実行力のあるものに作り上げる仕事をしてきました。

現在でも、たとえば福島ほか各地の原発建設現場で危険作業を担当させられ、詳しい作業内容も聞かされることなく被曝した日雇労働者も決して少なくはありません。非正規で働く若者も依然多い状況です。さらに深い問題は、そうした厳しい状況におかれているのに、労働組合の存在も知らず、それぞれがばらばらでいることです。自分たちを守る、「みんな」という存在を知らないまま、それぞれが「生きづらさ」を抱えているように思えるのです。

今、大阪市や関係者を中心に「日雇労働者の生活圏の確保と観光との併存」がはじまろうとしています。しかし、釜ヶ崎の地名が消されていったように、今まで住んでいた労働者たちを、「排除」する施策になってはいけません。新たな町が、本当に釜ヶ崎の高齢労働者の居場所になるためには何が必要か、これから問われていくことでしょう。

生活保護で生活は支えられていても、「それで終わり」、ではありません。人はつながりに生きる存在です。野宿であれ、ドヤであれ、そこにはつながりがありました。アパートに入居してかえって孤独になったと感じる人も多いのです。西成センターに特別な用はないのに、話すだけに来る高齢のおっちゃんたちもいます。また、おっちゃんたちは「仕事さえあればなぁ」と言います。やはり働きたいのです。そこに労働者としての誇りがあると、私は思います。

だから、特別清掃のような軽作業の仕事を継続して作っていく必要があります。働くことで人とつながり、そして、自分たちの権利を人々とともに勝ち取っていく、そんな労働者の姿を、釜ヶ崎のおっちゃんたちは教えてくれています。

■参考文献

生田武志（二〇〇九）『貧困を考えよう』岩波ジュニア新書
――（二〇一六）『釜ヶ崎から――貧困と野宿の日本』ちくま文庫

第8章

苦手なことがあっても働ける

「合理的配慮」って何だろう

松波　めぐみ

1 「できる」から働ける？

この科目は得意だけど、あの科目は勉強しても点がとれない。手先が器用なので細かい作業も苦にならない。人前で話すのは苦手だ。歌が下手だからカラオケに行きたくない……。こんなふうに私たちは、自分が得意なことと、苦手なこと、できることできないことを意識しながら暮らしています。将来の職業を考えるときも、「自分はあの仕事ができそうか（能力、適性）」、と思いを巡らせていることでしょう。資格の取得をめざしている人もいるでしょう。

現代の社会では、何かが「できる」ことを客観的に認められることと、働くことは密接に関係しています。その「できる」というイメージの正反対にいるのが、「障害のある人」ではないかと思います。

障害のある人というと、車いすユーザー、目が見えなくて白い杖をついて歩いている人などを想像するでしょうか。小学校のときの同級生にいた知的障害のある子を思い出す人もいるかもしれません。彼、彼女らは、単に「苦手なことがある」ではすまされない、大変さを抱えていると考えられています。歩けない、目が見えない、耳が聞こえない、複雑なことを言われると理解できない……そんなシンプルなことが「できない」のであれば、当然、就職は難しい。そう考えられがちです。

しかし、個人の能力と、「働けること」との関係は、それほど単純ではありません。

本章では、「障害のある人」のことを、「働く」ことと掛け合わせて考えてみようと思っています。「働く」に引きつけることで、「障害」とは何かを考えるきっかけになれば幸いです。

2 「できない、できる」を考える ——ふたつのエピソードから

ひとくちに「障害」といっても、その種類や程度はさまざまです。いずれにせよ障害があるということは、そうでない人なら難なく「できる」ことが「できない」こと、そしてその状態がずっと続くということを意味します。

とはいえ、長い歴史のなかで、障害のある人は、そのま

まの身体で「できる」仕事をつくりだしたり（たとえば、見えない人は鍼灸・マッサージ師の仕事を開拓しました）、働き方を工夫したり、障害者雇用を促す法律を求めたりしてきました。

近年は、一人ひとりが働きやすいように、職場の環境を調整する「合理的配慮」（あとで詳しく述べます）が、法律で義務づけられました。これは、「できない」ことがあるということと、「働けない」はイコールではないよ、ということを示すものです。

私自身がかつて経験したエピソードを紹介します。

（1）講演の後で、びっくり

学生時代、友達から「ちょっと面白そう」と誘われて、ある講演会に参加しました。遅れて行ったので、最初のほうの話は聞けませんでした。弁護士だというＡさんはとても明るく、声が大きく、ユーモアたっぷりに「弁護士のなかに、いかに変人が多いか」「自分が出会った、泥沼の離婚裁判」などの話をされ、会場は大笑いに包まれました。

講演終了後、そのＡさんがスタッフに手引きをされながら会場を出ていくところを見て、私はびっくりしました。Ａさんは、目が見えない人だったのです。話を聞いている途中には、まったく気付きませんでした。

目が見えない人が弁護士？　とっさに思ったのは、「紙をたくさん使う仕事だろうに、どうやって働いているんだろう」ということでした。

私がこのとき、強く印象に残ったのは、面白い講演が「できる」人で、弁護士という（なるのが難しい）仕事についているということと、演壇から出口までひとりで歩いていくことも「できない」という事実とのギャップでした。手引きされて歩くＡさんのぎこちない足取りが（失礼にも）印象に残っていたのです。

Ａさんの話を聞いたのはその一度だけです。が、その後、大学院の後輩に視覚障害のある人が入ってきて、「本をスキャンしてパソコンに取り込み、ＰＤＦファイルにする」作業を手伝うような機会がしばしばありました（データを音声に変換して、耳から〝読む〟ことができるのです）。その後輩と雑談するなかで、視覚障害のある人の職業事情がわかってきました。現代では、ＩＴ技術の進歩などにより、パソコンや携帯電話を使いこなす視覚障害者が多いこと。中途失明でも、リハビリ施設で歩行訓練やパソコン講習を受けられること。Ａさんのような専門職の人のそばには、だいたい情報入手のサポートをするスタッフがいること、などです。

つまりAさんのような人たちは、超能力によって字を読むのではなく、IT機器や人の力を借りていることがわかりました。単独では「できない」ことも、誰かが手を貸したりパソコンなどの環境を整えたりすることで、「できる」ようになっているのです。

（2）Bくんの夢はどうなる？

私の昔からの友人に、高校生の息子（Bくん）がいます。

ある日、Bくんが事故にあって入院したと聞きました。自転車で通学中、車に接触して転倒し、後遺症が残る大ケガを負ったというのです。Bくんは小学生のときから野球に打ち込み、好成績をあげ、スポーツ推薦で私立高校に入学しました。将来、野球の指導者になりたいという夢ももっていました。

Bくんの母親である友人によると、Bくんはリハビリで回復したとしても、元のように走れるようになるかはわからないとのことでした。

この話を聞いて、Bくんのような若者が、身体障害（肢《し》体《たい》不自由）をもつことは、なんと酷なのかと思いました。本人にしかわからない悔しさ、無念の思いがあるでしょう。

ただBくんに対し、「これで将来は絶望的だ」などと大げさに嘆くようなことはしたくない、と私は思います。これまでの人生で数多くの障害のある人たちとつきあってきた私は、「障害がある」ということ自体は「不幸」ではないし、「仕事ができない」ともイコールでないことを知っています。人間には、新しい方法や価値観をみつける恐るべき力があるのだ、と彼、彼女らから教えられてきました。

Bくんも、できないことをカバーして「働く」方法は必ずあるはずです。以前と同じではなくても、新たな夢を描くことができるのではないか。たとえばパラスポーツ（障害者スポーツ）の選手、あるいは指導者をめざすことだってありえます。

本書の読者のなかには、なんらかの障害や持病がある人、診断を受けていないけれど「発達障害」らしき特性をもっている人、理由はわからないけれど「苦手なこと」をもっている人などがいるでしょう。バリバリ元気だという人も、脅かすわけではありませんが、今後何かの病気になったり事故にあったりする可能性はあります。

できていたことが「できなく」なっても、それで終わりではありません。できないことについて、「こうやって補助してほしい」「こういう道具がほしい」などと求めることができるように、状況は変化してきています。

次の節では、「できない」ことがある人が「働くこと」「学ぶこと」「生活すること」などを支える法律ができていることと、そこでの重要なキーワード「合理的配慮」について紹介します。

3 「合理的配慮」とは何か？

（1）新しい法律

「障害者の法律」といえば、何をイメージするでしょうか。従来からあったのは、障害者福祉に関する法律です。車いすや杖の入手方法、介護サービス、障害基礎年金の受給といったことが書かれた法律は、もちろん大切なものです。

しかし、それとはまったく異なる新しい法律が、二〇一六年にスタートしました。これは「障害者差別解消法」といって、簡単にいえば、「一．障害のある人を、障害があることを理由に差別することを禁止する」「二．バリアがあって何か困ることがあれば、そのバリアをとりのぞくための調整＝合理的配慮を（国や自治体、企業等は）しなくてはならない」と、二つのことを定めた法律です。順に見ていきましょう。

（2）差別の禁止とは？

法律の一つめは、障害者を差別してはいけない、ということです。これはどういうことでしょうか。

日本では「差別」という言葉からは、「心のなかで嫌う、避ける」といったことをイメージしやすいため、差別禁止というと、「差別しない心をもつように強制されるのか」などと誤解する人がいます。この法律はそうではありません。具体的に、「こういう場面で、こんな行為をしては（あるいは、しなければ）差別になる」ということを示す法律になっています。「心のなか」を変えさせるのではなく、これまで障害のある人が受けてきた扱い（行為）を、やめさせるものです。

バスやタクシーが車いすのお客さんを乗せることを拒否する、料理教室に申し込んできた目の見えない人に「危ないから」といって受講を断る、レジャー施設に遊びにきた聞こえない親子連れに対して「聞こえる人が同伴していないと、入場できません」と断る、病気のため歩けない子どもに対して保育所が入所を拒否する、等々です。これらはいずれも、障害のない人にはしないような扱いをして、不利益を与えています。

こういうことは従来「仕方がないこと」とされ、たとえその会社等に訴えても解決せず、あきらめざるを得ないことが多くありました。二〇一六年にできた法律は、「これは差別にあたる」という根拠を示してくれます。もちろん現在でも、差別を訴えるのは、骨の折れることではありますが、「法律上、差別にあたる」と認められるようになったことは大きな進歩です。

（3）「合理的配慮」とは何か

法律に書かれている二つめは、「障害のある人に対し合理的配慮を、行わなければならない（行わなければ、それも差別になる）」ということです。

「合理的配慮」とは、「環境にバリアがあって参加できない、困っている」という場面で、「そのバリアをとりのぞいて平等にする」という、「環境の調整」を意味します。たとえば、「電車で聴覚障害のある人が隣に座っていた。事故で電車がストップし、復旧の見込みについて放送されているけど、その聴覚障害のある人にはわからない。不安そうに周囲を見回している」、そんな場面に遭遇したと想像してみてください。ここでは「情報のバリア」が生じていることになります。そこで、その人に対して、「放送の内容を紙に書いて渡す」ことをすれば、相手は安心します。それはバリアをとりのぞく「合理的配慮」をしたことになります。

この「合意的配慮」は、働く上でも大切なものです。障害のある人が就職したとして、もしそこの企業が「さあどうぞ、ここで働いてください」と言うだけで、その人一人ひとりに応じた「環境の調整」（合理的配慮）を何もしなければ、どうなるでしょうか。車いすユーザーにとって、職場の机が通常の高さのものしか用意されていなければ、非常に作業がしにくいです（人によっては無理です）。建物の入り口に段差があって、そこを通るたびに誰かに助けを求めなければならないとしたら、けっこうなストレスとなります。

また、難病のため定期的に病院通いをしている場合、「木曜日は通院のため、早退させてください」とあらかじめ申し出ることになります。もし「特別扱いできません」と却下されたら、どうなるでしょう。通院できなくなれば体調を崩しますし、通院しようとすると職場の人間関係への影響が気がかりです。仕事を続けられないかもしれません。

そうならないように、障害のある人が仕事に就《つ》くときに、職場の責任者に対して、「ここをこのように改善してほしい」と伝え、配慮を求めることができるようになりました。このことを「合理的配慮」といいます。障害があることを明らかにして就職した場合、職場の責任者は「どのような配慮が必要か」を聞き取る責任があります。その後も状況が変われば、いつでも本人は「（今度は）こういう配慮をしてほしい」と申し出ることができるのです。

先にあげた例でいうと、「この机は、車いすの私にとっては高すぎて使いづらいので、低い机、あるいは高さを調整できる机を導入してもらえませんか」と申し出る（合理的配慮を求める）ことができます。通院できるように勤務時間の調整を求めることもできます。職場は、これらの申し出にきちんと対応しなければなりません。

ここまで述べたのは、就職の時点で障害があったケースでした。働きはじめた後で、病気などにより、これまでと同じように働くのが難しくなった場合も、職場の責任者に「合理的配慮」は求められます。つまり、すべての働く人の「味方」ともいえるのです。

（4）合理的配慮と「社会モデル」

差別解消法と同じく二〇一六年から「改正障害者雇用促進法」という法律がスタートしました。これは職場での差別禁止と合理的配慮について書いてあります。この法律では、さまざまな障害のある人が働きやすいように職場が合理的配慮を行うのは「義務」だと定めています。上司・同僚の気まぐれに左右されたり、会社に余裕がないからといって、配慮されないことはあってはならないのです。

注意してほしいのは、合理的配慮とは、「できない」ことがある障害者個人を助けてあげるための援助ではない、ということです。

「合理的配慮」という概念のベースには、「社会モデル」と呼ばれる新しい「障害」観があります。「見えない、聞こえない、歩けない」から大変なんだという昔ながらの障害観（医学モデル）ではなく、これまでの「見えて、聞こえて、歩ける」人だけを基準にしてつくられた「社会のあり方」にはそもそも欠陥があった――と認識することが、「社会モデル」の考え方です。[1]

「社会モデル」の考え方には、一部の人をこれまで「想定外」にしてきたこと自体が間違っていたとして反省し、それはもうやめよう、さまざまな人をきちんと「想定」して、社会をつくりなおそうというニュアンスがあります。

決して気の毒な人への「思いやり」とか、「親切に手助けしてあげること」ではありません。不平等な状態がずっと続いてきたのを是正し、平等に近づけるということです。

（5）身体の不平等が「人生の不平等」にならないために

誰ひとり同じ身体の人はいないし、生まれてくる身体を選ぶことはできません。ほかの人の顔立ちや身長がうらやましいと思うことは、多くの人にあるものでしょう。しかし「身体に障害がある」という違いは、かつてはそのまま人生の選択肢を大きく狭めるものでした。職業につくどころか、教育を受ける機会も奪われていたのです。(2)

そんな理不尽は避けるべきではないか。本人にはどうしようもない「身体」の違いによって、他の人と全然違う人生を送るしかないのはおかしい、ということで、この数十年間にさまざまな動きがありました。駅にエレベーターがついたり、車いすのまま乗れる低床バスが普及してきたりしたのは、この二〇年ほどの間のことです（都市部に限ってのことですが）。これはとても大事な変化ですが、そういう物理的なバリアフリーを進めるだけでは、一人ひとりが直面するバリアについてまでは救済できません。目の見えないAさんが働けるようにするには、Aさんの働く場で「合理的配慮」が行われないと意味がないのです。そういうことが可能になるように、障害者差別解消法・改正障害者雇用促進法といった法律ができ、不平等を埋める「合理的配慮」が社会のルールになってきたのです。

どんな障害をもつことになっても、人生終わりではない。合理的配慮を受けながら、その人らしい人生をつくりなおしていける。これらの法律はそんなメッセージを送っています。

4　こんなふうにして働いている
――さまざまな「障害のある先生」

「合理的配慮があれば働ける」とは、どういうことなのか、少し具体例を見ていきましょう。

私は五年ほど前から、友人と一緒に「障害があって、学校教員をしている人」にインタビューをしてきました。(3) 小学校、中学校、高校、特別支援学校のいずれかで働いている先生です。生まれつき障害があった人もいれば、途中で障害をもつことになった人もいます。

私がお話を伺った先生の働き方を簡単に紹介してみます。

（1）聞こえにくいC先生

聴覚障害（難聴）があるC先生は、小学校で、音楽以外のすべての教科を教え、学級担任ももっています。「二メートル以内で、一対一で話せば聞こえる」といった自分の聴力の特徴について子どもたちにわかりやすく説明し、協力を求めています。

教室の机の配置は「コの字」型にし、全員がお互いを「見える」ようになっています。子どもが発言したいことがあるときは、小さなボード（筆談用ボード）に大きな字で書いて、クラス全員に見せるように促しています。「声だけだと、先生はわからないんだ。書いてね」と子どもたちに再三伝えるなかで、子どもは視覚的に表現する習慣がついていきます。C先生はそうやって、コミュニケーションが活発に起こるような学級づくりに努めてきました。

職員室で困るのは電話がとれないことですが、そのときは同僚の先生の助けを借ります。保護者とのコミュニケーションについても、電話がとれない分、ひんぱんに家庭訪問を行っています。

また、職員室での「職員会議」のときには、遠くの席で発言されてもC先生には聞こえませんから、発言者は入り口近くの定位置（C先生の机も近い）に来ることが恒例となりました。

（2）車いすを使用するD先生

D先生は子どもの頃からの「脳性まひ」（運動機能に障害があり、車いす使用）ですが、地域の学校の普通学級で学んできました。まわりは全部健常者。自分がいることによって周囲の同級生が自然に「脳性まひの人に特有の身体の動き」を理解し、手を貸す方法についても覚え、身構えることなく自然に接してくれるようになることを実感してきました。自分の存在はマイナスではない、自分がいることで伝えられることがあるのだと確信し、教員を志望しました。

かつて、校舎にエレベーターがなく、階段に手すりがついていない学校で勤務していたときは、通りすがりの生徒に声をかけ、肩を貸してもらっていました。現在では、校内の物理的なバリアがとりのぞかれた環境で勤務することができています。

授業では、黒板にチョークで板書することが難しいため、かわりに映像を映し出しながら、わかりやすく説明するための工夫を重ねています。またプリントを配布するときは、自分だけで行おうとすると時間がかかってしまうため、生徒に手伝いを求めます。そして、そのたびに「ありがとう、助かるよ」と必ず伝えています。

中学生たちにとって、「自分が誰かの役に立っていると思える」ことは大きな喜びであり、成長期に必要な経験だ、というのがD先生の信念です。

（3）視覚障害（全盲）のE先生

D先生と同じく、一貫して地域の学校で育ってきたE先生は、全盲です。盲学校には行かず、点字や「白い杖を使った歩行」は放課後や夏休みに習いました。

大学四年生の教育実習で出身高校に行ったとき、生徒たちが「点字」や「見えないとはどういうことか」に興味をもってくれたことを嬉しく思いました。「教員というのは、障害があることを生かせる仕事ではないか」と考えて、必死で教員採用試験の勉強をしました。

採用試験では、「点字の試験問題を作成する、別室を用意する、時間を一・五倍に延長する」といった合理的配慮を受けました。

E先生は現在、普通高校で英語を教えています。授業で使う教科書や参考書は、新学期の前に出版社からデータをもらって、音声変換ソフトのあるパソコンで聞いて把握します。そして必要な部分については、点字用のプリンターで出力して、授業準備をしています。

（4）手に軽度の障害があるF先生

F先生は定時制高校の英語の先生です。指の一部が欠損しているけれど、字を書くことや、パソコンを操作するのは問題なくできます。そのため、仕事をする上での「合理的配慮」を求める機会は特にありません。

ただし「見た目」が他の人と違うことに生徒たちは大人よりも先に気が付き、「あれ、F先生の手、なんなん？」といった声が聞こえてくるようになります。F先生はタイミングをはかって自分の手のことをユーモラスに説明しています。

（5）学習障害のあるG先生

文字情報を読み取るのに時間がかかり、また手書きで文字を書くことが苦手な障害特性をもつG先生は、技術科の教員です。これまで、タブレットや電子機器の活用によって、自分が教えやすい環境をつくる工夫を重ねてきました。「職員会議の資料は（読むのに時間がかかるため）前日にデータでもらう」などの合理的配慮を申し出て、その通りにしてもらっています。

G先生は、発達障害（学習障害はその一つ）については高度な専門知識を有しています。そのおかげで、発達障害のある児童生徒への指導や教材作成、保護者との面談、教職員研修では大いに力を発揮しています。

いかがでしょうか。さまざまな先生が働いている姿を、少しは想像していただけたでしょうか。私が話を聞かせてもらった先生たちは、自分自身のことを「障害者、障害のある先生」ととらえるよりは、まずは「小学校の先生」「数学の先生」などととらえていました。「先生」としてよりよい仕事ができるよう、工夫と努力を重ねてきた方々だったといえます。「合理的配慮」という言葉を使っているかどうかは関係なく、自身の「障害」と向き合って、まわりの同僚の先生らと対話を重ねてきた経験を豊富にもっています。それぞれの現場では「これがＣ先生の授業」「Ｅ先生らしい授業」といったかたちで理解され、定着しています。

学校教員は、他の職業に比べれば、自らの身体に合った授業方法を工夫し、実行しやすい職業ではないかと思います。特に「教室」は、それぞれの先生が自分で主導権をとれる場所だからです。そして、障害のある先生がいることによって、子どもたちはさまざまなことを感じ取り、成長する上でプラスにすることができます。先生たちの事例は、「身体に障害がある」「発達障害がある」といったこと と、「職業人として働く」ことは両立する、ということを物語ってもいます。

新しい学校に赴任するたびに、また新学期を迎えるたびに、「この先生に教えられるのだろうか」といった疑念の目が向けられる――という経験を、何人かの先生が語っていました。それでも、障害のある先生たちが「ふつうに」働く日々のなかで、いつのまにかそれが当たり前の風景になり、疑念は消え、どこの教室でも展開されているような教師と児童生徒のやりとりが続いてきます。当初は意識してしまった生徒や同僚も、いつのまにか「ひとりの先生」と見るようになっていくのです。障害があること、「できない」ことがあることは、仕事が「できて」いる日常のなかにゆっくりと埋もれ、見えなくなっていきます。

そんな「働き方」や「職場の変化」が、さまざまな職場で可能になればいいと思います。

5　できなくても働ける社会へ

「はじめに」で私は、〝個人の能力と、「働けること」との関係は、それほど単純ではありません〟と書きました。障害のある人が、自ら選んだ職業に就き、力を発揮して働けるように、法律や制度が進化してきました。それを象徴するのが「合理的配慮」というキーワードです。Ａさんの働き方にも、Ｂくんの将来にも、このキーワードがかかわっています。

これまで多くの職場は、「均質な労働力」を前提にしてきたといえます。しかし人の身体や「得意なこと、苦手なこと」はまさしく多様です。全員が同じように働かなければならない、と考える必要はありません。先生たちの事例を見ても、「違い」をもった人たちがいることによって、新しい発想が生まれたり、相互に学び合えたりすることがあるとわかります。「障害がある」わけではないけれど、「苦手なこと」があるという人にも、何らかのヒントになれば幸いです。

●注

(1)本人ではなく社会のあり方に欠陥がある、という意味で、私は「障害」という表記を用いています。「障害」という字に悪い意味があるという理由で、「障がい」という表記が用いられることがありますが、私は使いません。現に社会のバリアのせいで不便を被っているのだから、大事なのはバリアを取り除くことであり、漢字をひらがなにして「ソフトなイメージ」にすることではない、と考えるためです。

(2)一九七九年に「養護学校義務制」が開始するまで、「就学猶予（免除）」といって、障害のある子を就学させなくてもよいとする制度があり、義務教育すら受けられない障害児が少なくありませんでした。養護学校義務制はまた、障害の有無によって学ぶ場所を分けてしまう制度でもあったため、「障害があっても、地域の学校でともに学ぶ」ことを求める運動が各地で起こっていきます。

(3)羽田野真帆・照山絢子・松波めぐみ編著（二〇一八）『障害のある先生たち――「障害」と「教員」が交錯する場所で』生活書院

コラム 7

誰のための福祉機器製作か

　ロボコン（ロボットコンテスト）で有名な高専は、技術者育成の教育機関である。一九九一年に奉職したときから、ロボット技術分野で新しい技術を追い求めていた私は、産業界に貢献できるものだけではなく、もっと身近な暮らしに役立つものを製作できないかと考えていた。すでに少子高齢化社会が問題になりつつあったこともあり、福祉用具に興味をもった記憶がある。また学生のなかから、将来、福祉用具の開発企業に就職したいという話も聞いていた。

　最初に福祉技術関係の研究テーマを考えたのは、ある点字の学習会に参加したときのことである。先輩教員から六点の点字ではなく、漢字、ひらがな、カタカナを扱える八点の点字もあると聞いた。大阪の盲学校の教員が発明した漢点字というものであった。ソフトウェアの作成のテーマとしてヒントを得たいと思い、発明された教員の奥様に何度もお話を伺いにいき、PCで使用する漢点字ソフトウェアの作成につながった。

　手入力ができない上肢障がい（手や腕などの障がい）の方のために、コンピュータの入力装置として、足で動作させる〝フットマウス〟を製作し、「こんなことができますよ」という安易な思いで、福祉技術の関係する協会で発表した記憶がある。しかしながら、会場の反応はあまり芳しくなく、ある作業療法士の方から、「技術者は『こんなものが開発できたから使ってみてもらえないか』と言うが、本当に必要なものは当事者の要望から生まれるものである」と耳の痛い話も聞いた。確かに作り手の立場しか考えていなかったと反省した。

　それから間もなくして、本高専のOBに講演をしてもらったときに紹介された次の言葉が印象に残っている。

　Not low technology, Not high technology, Just the right technology.

　特に福祉技術の分野では、本当に支援が必要な技術についての核心をついた言葉だと今でも心にとめている。

　その後は、実際の現場からの要望をふまえて、製作することを心掛けた。

　ある福祉施設の方から、音声によるコミュニケーションが困難な方が手軽に使用できる「VOCA（Voice Output Communication Aid；音声を出力するコミュニケーション機器）」があるが、従来のおにぎり型だと落として壊れやすいので、もう少し丈夫なものができないかという依頼があった。当時購入したばかりの3Dプリンタを使用して、試作を二回行い、最終的には片手でつかめるよう携帯電話を少し大きくした形状で、強度を上げたものを開発し、利用者に提供することができた。

　こうした経験により、作り手側の思い込みではなく、現場からの要望を踏まえた福祉用具の製作が重要であることに気付かされてきた。そのためには、ハイテクでもローテクでもない丁度良い技術が必要であり、現在までの筆者のものづくりの目指すところになっている。

（金田　忠裕）

コラム 8

「とかいなか」での暮らしと仕事

私が住んでいるA市には、駅前を中心に広がる「都会」エリアと、山間部を中心とした「田舎」エリアの両方がある。市はこの特徴を「とかいなか」と称し、定住促進に活かそうとしている。

しかし、行政側から見れば、「とかいなか」の「田舎」は、主として「都会」に住む人にとっての癒しの場であり、「田舎」で暮らす人が抱える生活上の課題は認識されにくい。私は、そんなA市のなかで一番田舎なB地区に住み始めて一〇年以上になるが、A市の行政サービスがB地区まで行き届かないことは珍しくない。

たとえば、A市内の各小学校には、敷地内に学童保育室（留守家庭等の小学生が放課後や土曜日・長期休暇などを過ごす場）が設置されているが、私の子ども二人が通うB小学校には、A市内で唯一、学童保育室が存在しない。児童数がとても少ないからだ。

第一子が小学生になる前、どうすればよいか市役所で相談すると、B地区に住む子どもの話題が出たこと自体に驚かれつつ、放課後などは他の小学校の学童保育室を利用するように言われた。B小学校から「他の小学校」まで、約一三キロメートル。二時間に一本程度しかない路線バスで三〇分以上かかるが、やむを得ず第一子を通わせた。引っ越しも考えたけれど、子どもの「学校大好き！放課後も、B小学校で過ごしたい！」という声に励まされ、ママ友と一緒にあらゆる場でB小学校への学童保育室設置を求め続けた。

協力的な職員や市議会議員との出会いもあったが、一学童保育室あたりの児童数が一〇人未満の場合は国の補助金が出ず、市の条例でも一五人を一つの基準としているため、これらを満たさないB小学校に学童保育室が設置されることはなかった。一方で、人数の多い小学校には、二室目、三室目の学童保育室が増設されていく。A市全体の子育て施策が充実するにつれ、「都会」と「田舎」の差は開くばかりだった。

その後、事態を重く見たB地区自治会役員の方々が市役所に通いつめてくださり、第二子が入学する頃には、学童保育とは異なる制度を用いた放課後の居場所がB小学校内に整備された。これは本当に画期的な変化だった。しかし、預かり時間は学童保育よりやや短く、土曜日や長期休暇中は開かれない。また、家と小学校は離れており、保護者が車で送迎しなければならない。結局、子どもの父親（私の連れ合い）は、フルタイムの仕事を辞めた。事実上、「仕事を続けるか、B地区に住み続けるか」という二者択一の末の決断であった。

同じ自治体のなかで、子育てをしながら働ける環境が整っている地域とそうでない地域が存在するのは、仕方がないことなのだろうか。働き方の問題は、生き方や家族のあり方などに直結する事柄である。地域の多様性をふまえ、住民の生活に関わる最低限の権利を公的に保障しようとする動きが、社会のなかに広がることを願う。

（伏見　裕子）

第5部

ルーツ

第9章

外国にルーツをもつ「日本人」のこと

移民や外国人が住みやすい社会に向けて

片田孫　朝日

1　日本と朝鮮の二つのルーツ

　みなさん、こんにちは。わたしは、「かただ　そん　あさひ」といいます。ふだんは、神戸で私立学校の教員をしています。また、神戸定住外国人支援センターというNPOでボランティア活動をしています。もう少し具体的にいうと、毎週金曜日の夕方に「みんなのダイニング」という子ども食堂の運営にかかわっています。

　みなさんは、子ども食堂とはどんな場所かを知っていますか？　この「みんなのダイニング」では、外国にルーツをもつ小中学生と一緒にご飯をつくり、食べ、トランプやオセロをして過ごします（写真1）。

　さて、わたしが移民の支援・エンパワメントに関心をもつようになったのは、母親の出自が関係しています。わたしの名前は変わっていますね。「片田」が日本人である父親の姓で、「孫」が在日朝鮮人である母親の姓です。日本では、二つの姓を並べる名前は珍しいと思います。わたしは、大阪で日本国籍をもって生まれ、日本語を母語とし、その意味で普通の日本人として生活してきました。ただし、母方の祖父母が朝鮮半島からの移民であり、母親がそのルーツについてたくさんの話をしてくれたので、移民や外国人に関心をもつようになったのです。

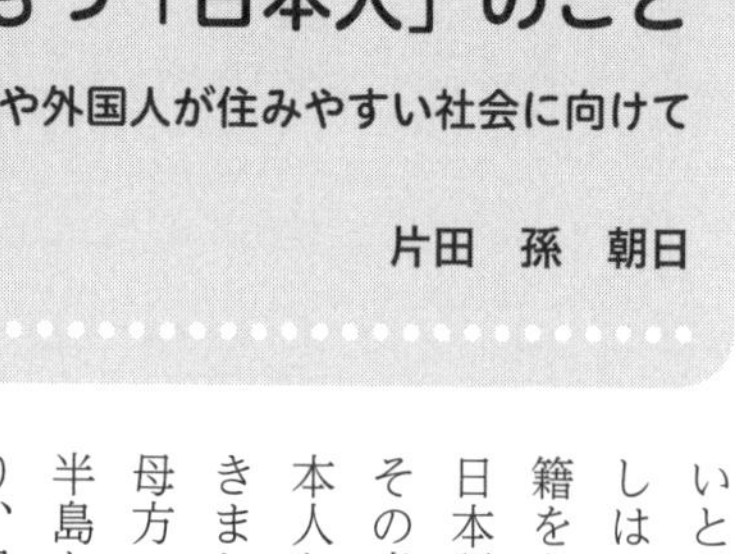

写真1　「みんなのダイニング」の様子

　みなさんは、在日朝鮮人とはどういう人たちなのか、なぜ日本に朝鮮人がたくさん住むようになったのかを知っていますか。今、日本では外国人労働者の受け入れが社会の課題となっています。実は、在日朝鮮人は近代日本における最大の移民集団であり、戦後の定住外国人でした。これから、わたしの母方の祖父母のことを紹介し、朝鮮人の渡航の歴史について簡単にお話ししたいと思います。また、有名人である孫《そん》正義《まさよし》（ソフトバンク会長）の生い立ちについても紹介し、戦後の在日朝鮮人の生活の一端を知ってもらいましょう。最後に、「みんなのダイニング」に来ている外国ルーツの子どもたちのことも少しだけ話したいと思います。わたしの話を通じて、みなさんが外国にルーツをもち日本で暮らす移民や外国人のこと、そして多様な「日本人」に関心をもってくれたら、嬉しいです。

2　朝鮮半島からの移民

（1）祖父母の生い立ち

わたしの母方の祖父は、一九〇〇年頃に現韓国の南東部にある慶尚南道《キョンサンナムド》の山村で生まれました。この時期すでに日本の朝鮮半島への進出ははじまっていましたが、一九一〇年の韓国併合により、朝鮮は完全に大日本帝国の一部となり、植民地になります。祖父は幼くして両親を失い、親戚の間を転々とした後、仕事を探す兄に連れられて、二人で日本へと渡りました。彼はまだ十歳になる前だったと聞いています。

一九〇五年から釜山と下関の間をフェリーが運行し、労働力不足を背景に、九州の炭鉱地帯や鉄道工事などで働く朝鮮人の出稼ぎが増えていきます。一九二三年には済州島と大阪の間にも航路が開かれます。

植民地時代に多くの朝鮮人が農村を離れ、都市に働きに出ることになった背景には、土地調査事業など日本政府の植民地政策が関係しています。植民地時代に、朝鮮総督府は土地の測量と所有者の確定など近代化を進めますが、この過程で日本企業を含めた大地主が増え、土地を借りて農業を営む小作人が増えました。また、太平洋戦争の敗戦時には朝鮮の全耕地の四分の一～三分の一が日本人の所有になっていました。朝鮮での米の生産量は、土地改良・品種改良・肥料の改善などの技術進歩により倍増しましたが、その分の資金も必要となりました（また、生産量の増加分のほとんどは日本に輸出されていました）。こうした状況のなかで、多くの朝鮮人が仕事を求めて内地《ないち》（大日本帝国下で、台湾や朝鮮などの外地《がいち》に対して日本本土をさす呼称）にも渡って来ることになります（ピーティー　二〇一二：一九三―二二〇）。

さて、内地で祖父とその兄は鉄道の事故に遭い、兄は死んでしまいます。その後、祖父はひとりでさまざまな仕事をして生きのびたそうです。わたしが生まれたときには祖父はもう亡くなっており、その生い立ちについては母親から話を聞くだけですが、想像することも難しい人生です。彼は努力して内地でお金を稼ぎ、そのお金をもって朝鮮の村に戻り、水田を買います。そして、同じ村の祖母と

写真２　筆者の祖母と長男

結婚しました。移民というと、異国に渡りそのまま戻らないというイメージをもつ人もいるかもしれませんが、実際にはこのように「出稼ぎ」という意識で、お金を貯めて帰国するつもりの場合も多いのです。

しかしその後、祖父はその水田を洪水で失ってしまい、再び内地へと出稼ぎに行きます。その後、なかなか帰ってこない祖父の後を追い、祖母も長男を連れて内地へと渡りました。日本の港に着いたとき、祖父に再会できるか、本当に心細かったそうです。

写真2は、日本で撮られたもので、若い頃の祖母と長男です。祖母は、朝鮮のチマ・チョゴリを着て、日本の草履《ぞうり》をはいていますね。一九四五年の敗戦時、祖父母の一家は岡山県の農村で小作農をしていました。そして戦後、占領軍の農地改革によって、幸運にも農地を得ることになりました。戦後、祖母は朝鮮の村に帰りたかったそうですが、祖父は農地を得た日本に住み続けることを選びました。こうして、わたしの母は、一九五〇年に岡山県で移民二世として生まれました（台湾・朝鮮・南洋など日本の植民地支配とその特徴について勉強したい人は、ピーティーの前掲書を読んでください。また、渡航史を含め在日朝鮮人の歴史については、水野直樹・文京洙『在日朝鮮人』岩波新書、二〇一五年に詳しく書かれています）。

（2）移民としての在日朝鮮人

どれくらいの朝鮮人が、植民地時代に内地（日本）に渡り、暮らしていたのでしょうか。次頁の図1は、植民地時代から現在までの日本で暮らす朝鮮人（朝鮮半島に戸籍・国籍がある者）の人数を示したものです。一九三五年に、約六二万人の朝鮮人がすでに内地で暮らしていました。さらに、日本の敗戦時には二〇〇万人ほどの朝鮮人が内地にいたと推計されています。このうち、日本政府が戦争の遂行を目的に一九三九年から労務動員で日本の炭鉱などに連れてきた朝鮮人は、約七〇万人です。この労務動員は、苛酷な強制労働による死者・逃亡者が多く、また単身の労働者は日本に生活基盤をもたなかったので、その多くが日本の敗戦直後に帰国しました。戦後に日本で暮らし続けた朝鮮人約六〇万のうち、約五%が労務動員（徴用）による渡日であり、約九五%がわたしの祖父母と同じく植民地支配を背景にした移民と考えられています（外村 二〇一二：

二一四）。同じく、台湾・中国から日本に来て定住した人たちは約五万人になります。

広辞苑（第七版、二〇一八年）によれば、移民とは「他郷に移り住むこと。特に、労働に従事する目的で海外に移住すること。また、その人」をさします。今の日本で移民といえば、欧米で暮らす移民のことや、日本からアメリカやブラジルへ渡った日系移民などをイメージしますが、日本にも旧植民地からの移民集団がおり、すでに一〇〇年の歴史をもつことを覚えていてください。

（3）植民地からの移民の外国人化

戦前、内地（日本）に暮らす朝鮮人男性は、日本人男性と同じく帝国臣民として参政権をもっていました。一九三二年の衆議院選挙では、朝鮮人の親日団体を組織していた朴《パク》春琴《チュングム》が、日本人政治家らの支援を受けて東京で出馬し当選しています。朴は議会でしばしば朝鮮問題を取り上げ、日本政府の唱える「内鮮一体（内地と朝鮮の協力・一体化）」を実現するために朝鮮人に対する差別を解消すべきだと主張しました。

さて、戦後日本に留まることになった朝鮮人の国籍と法的地位は、どうなったのでしょうか。当初、日本政府は、在日朝鮮人や台湾人に国籍の選択権を認める答弁をしていました。しかし、一九五二年のサンフランシスコ平和条約の内容に、領土変更にともなう国籍（選択）の条項が入らないことを知ると、方針を変えます。そして、その条約調印の前に「朝鮮及び台湾は、条約の発効の日から日本国の領土から分離することとなるので、これに伴い、朝鮮人及び台湾人は、内地に在住している者を含めてすべて日本の国籍を喪失する」と全国の役所に通達を出します。この一本の通達で、旧植民地出身者は日本国籍を失いました。そのことで、日本の社会保障の権利や学校の就学の権利がなくなりました。日本で暮らし税金を払いながら、人権の外に放り出されたのです。そして、日本国籍を取ろうとすれば、ほかの外国人と同じくはん雑な申請書類の作成と、通常一年以上に及ぶ警察・入国管理局による前

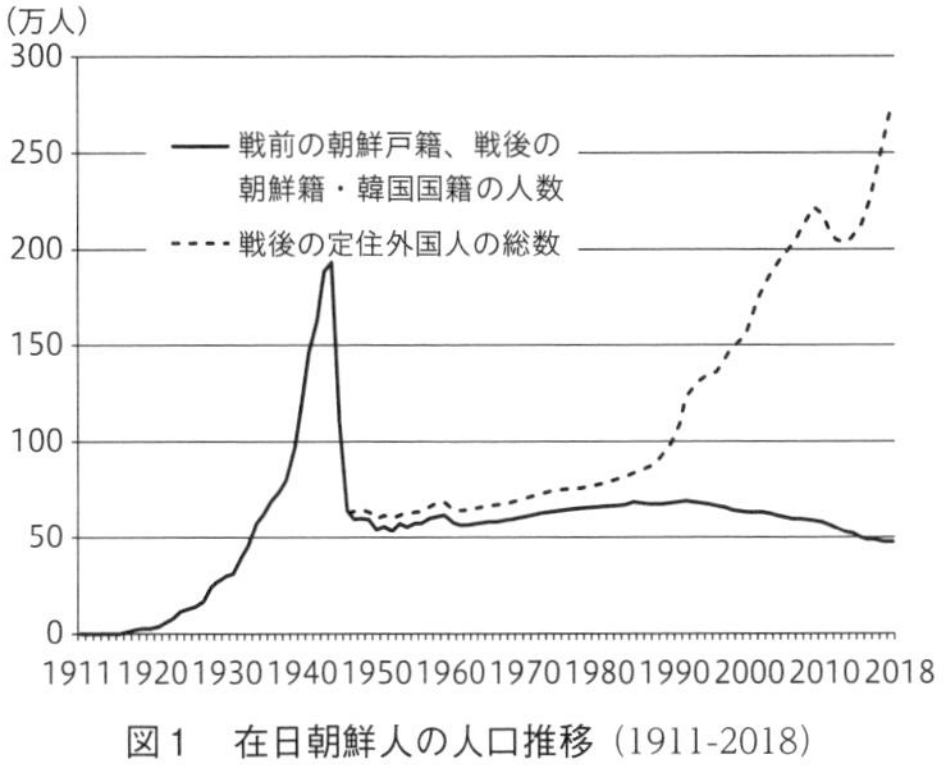

図１　在日朝鮮人の人口推移（1911-2018）
（筆者作成）

科、素行、生活様式、財産などに関する徹底的な調査を課されました。また、日本への同化を求められ、「田中」のような日本的氏名に変えなければ、日本国籍を取ることができませんでした（同化政策）。この日本名の使用については、後で、孫正義の名前について取り上げましょう。

一九五一年に、吉田茂首相は、国会で「特に朝鮮人に日本の国籍を与えるについてもよほど考えなければならんことは、あなたの言われるような少数民族という問題などが起こって、随分他国で以て困難をいたしている例も少なくない」と答弁しています。また、吉田首相は一九四九年のダグラス・マッカーサー宛の書簡で、「原則として、すべての朝鮮人を日本政府の費用で本国に送還すべき」とも要望しています。日本政府による植民地支配の結果としてやって来た人々に対して一方的に帰国を迫り、権利を剥奪する。これが、日本政府の植民地出身者への態度でした（田中 二〇一三：七〇―七三）。

日本政府のこうした態度と政策の背景には、当時の朝鮮人の民族運動も影響しているでしょう。一九四五年に祖国が解放されると、朝鮮人の中から、帰国に備えて母国語などを学ぶ学校を創る動きが起こります。また、植民地時代から、朝鮮人の運動家は日本の労働運動や共産主義運動の担い手でもありました。日本政府は、反共産主義と単一民族主義（大和民族だけの国づくり）の立場から、朝鮮人に脅威を感じていたのです。

他方で、次のような現実もありました。日本の敗戦時、わたしの祖父母は、家を閉め切り一家で息をひそめていたそうです。日本人が殺しに来るのではないかと怖れていたのです。実際、一九二三年の関東大震災の直後には、「朝鮮人が井戸に毒を入れている」「暴動を起こしている」といった流言をもとに、日本人市民によってたくさんの朝鮮人が殺されました（この朝鮮人虐殺について詳しく知りたい人は、加藤直樹『九月、東京の路上で』ころから出版、二〇一四年などの本が出ています）。宗主国（植民地の支配国）に暮らしている、少数派の朝鮮人にとって、日本人の集団は恐い存在だったと思います。

（4）日本の移民・外国人政策

図1をみればわかるように、戦後一九八〇年代まで、日本で暮らす外国人といえば、在日朝鮮人のことでした。たとえば、一九八〇年に（日本に三か月以上滞在する）外国人登録者の約七八万人のうち、約六六万人（八五％）が「韓国籍・朝鮮籍」なのです。このなかには、留学などで新しく日本にやってきた韓国人も含まれていますが、その数は多くありません。したがって、戦後の日本政府の移民・定

住外国人政策は、植民地からの移民である在日朝鮮人を中心につくられました。

そして、その特徴は、植民地支配の反省をせずに、単一民族主義を前提にした異民族の排除と、日本国籍取得の際に日本名の使用を強いるなど完全な同化を進めるものだったといえます。戦後七〇年以上たった現在でも、在日朝鮮人の四世や五世のなかには、外国国籍のまま日本に暮らし続けている人たちがいます。世界でも例がないケースでしょう。

トルコ出身でアメリカ在住の研究者であるセイラ・ベンハビブは、外国人の権利について論じた本で、「永遠によそ者であることは、自由民主主義的な人間共同体の理解と両立しないだけではない。それは基本的人権の侵害でもある」と言っています（ベンハビブ 二〇〇六：三二）。たとえば、日本で生まれても選挙権がない外国人は、政治への参加を大きく制限されており、その意思と存在は政治から無視される傾向があります。

したがって、植民地時代に日本に来た人間とその子孫の外国人には、本人の意思表示による簡易な国籍取得や二重国籍を認めるべきでしょう。これは、他国で先例のあることです。選挙権のほかにも、公務員の就職や、高齢者の無年金問題など、在日朝鮮人には今も残された課題があるのです（詳しくは、田中 前掲書）。

わたしは、戦後の日本政府の政策をたいへん悲しく、残念に思います。怒りも感じます。もし、日本政府が、帝国時代の態度を改め、新憲法の理念のもとに、移民や外国人の人権を尊重する国をめざしていたら、わたしの親戚を含めた移民とその子孫の人生は、もっと違ったものになったのではないかと思うからです。また、その後のベトナムからの難民、日系外国人労働者、そして最近急増しているアジアからの出稼ぎ労働者に対する人権の擁護も、もっと整備されていたはずだと思うからです。ともあれ、戦後の在日朝鮮人の話をもう少し続けましょう。

3 「孫正義」という名前の「日本人」が生まれるまで

(1) 朝鮮部落に生まれ、身元を隠す

経済誌『Ｆｏｒｂｅｓ』によれば、ここ数年の日本国内の資産家番付の一位は、ユニクロの創設者である柳井正《やないただし》か、ソフトバンクを創った孫正義かです。二人が二兆円をこえる資産をもっていることに驚きますが、同時にわたしは、朝鮮人移民の出自をもつ孫正義が、日本の経済界で一、二を争う地位に上りつめたこと、そして「孫」という

名前を使っていることに大きな感慨を抱きます。

孫正義は、一九五七年に朝鮮人移民の三世として、佐賀県鳥栖《とす》市の朝鮮人部落に生まれました。当時、ほとんどの朝鮮人は非常に貧しく、その一部は、無番地の川辺などに集住していました。そうした地区のひとつであった鳥栖の朝鮮人部落の元住民は、次のように語っています。

「まあ、とんでもない所でしたよ。バラックというか、掘っ立て小屋ですな。粗末な家が軒先を連ねるように並んでいてね。全盛期には数十戸、人数にして三〇〇人ぐらいの朝鮮人が住んでいましたよ。みんな貧しかったから、豚を飼ったり、屑鉄を拾ったり、密造酒をつくったり、そんな家ばかりでした。線路脇ですから、SLの時代は汽車の音がうるさいだけじゃなく、煙が家の中まで入り込んで、壁まで真っ黒になった」（佐野 二〇一二：二五）。

大雨が降ると村のわきを流れるドブ川が氾濫して部落は水没し、育てていたブタやその糞が浮かび井戸が臭くなる、そういう部落だったそうです。ちなみに、当時を知る人の話では、孫正義はそのひどい状況のなかで「膝まで水に浸りながら必死に勉強していた」という逸話もあります。ただ、この話は成功者について、後から創られた話かもしれません。しかし、正義が「普通の日本人」でなかったことは確かです。

幼年時代の正義は、祖母が豚のえさ用に残飯集めをするリヤカーに乗せてもらうのが好きだったそうです。しかし、少し大きくなり、この祖母が「キムチ」や「韓国」のイメージと重なるようになって、大嫌いになったと語っています。キムチやニンニクの匂いは、かつて「キムチ臭い」などと、朝鮮人への悪口としてよく使われていました。わたしの母親も子ども時代にいわれたそうです。スーパーでキムチが売られ、多くの日本人がキムチを食べるようになったのは、かなり後の一九九〇年代だと思います。今となっては、日本の食文化を豊かにしていますね。しかし当時、植民地から来た貧しい朝鮮人が食べる見慣れない食べ物は、差別の材料になったのです。

孫正義の話に戻りましょう。当時、鳥栖の朝鮮部落に日本人の子どもたちが、「朝鮮人、朝鮮人」とはやし、石を投げに来たりしていました。正義は「鳥栖の幼稚園時代は頭に石をぶつけられたことがある。それ以来、自分の出自を隠すようになった」と言います。家族は、日本式の名前で生活をしており、正義も、「安本」という日本名（通《つう》名《めい》）で学校に通いました。親しい友人にも出自を打ち明けず、隠すようになりました。こういう現象を、社会学ではパッシング（passing）・身元隠しといいます。みなさんも、何らかの事情で出自を隠すことがあるかもしれません。苦しいことですね。

ところで、孫一家は父親の仕事が成功し、朝鮮部落から抜け出します。この時期の父親の仕事は、養豚から金融（サラ金）、そしてパチンコ屋でした。またこの頃、父親の親族は焼き肉屋、喫茶店、ナイトクラブなどを営んでいます。これらの仕事には、どういう共通点があると思いますか？

これらは、会社勤めではなく、自営業ですね。いずれも自分で始めることができます。また、金融（サラ金）やパチンコ、ナイトクラブなどは、世間からは「不健全」とのまなざしを向けられがちな業種です。ほかの、より「健全」な仕事への道が開かれていれば、好んで選ばれる仕事ではなかったかもしれません。移民一世だけでなく日本生まれの二世も、貧困と偏見・差別によって就職できないため、自営業を始めたり、一般的に嫌がられる仕事をしたのです。この話を大阪府立大学工業高等専門学校でした際に、ほかにどんな仕事があると思うかを学生に聞いてみると、「やくざ！」という声が上がりました。その通りです。在日朝鮮人の二世からはやくざも出ました。それは悲しいことなのです。このほか、短期雇用で能力主義の職業である、野球などのスポーツ選手や芸能人にも日本名を使う朝鮮人がたくさんいました（関心のある人は、朴一『僕たちのヒーローはみんな在日だった』講談社＋α文庫、二〇一六年を読んでみてください）。

（2）孫正義という日本国籍者が生まれるまで

さて、正義は、ほかの家族とともに安本という日本名を使い、自分が韓国国籍であることをいわずに生活をしていました。しかし、思春期に入り、中学の卒業が近づく頃に、仲のよい友だちに「実は、僕は韓国人なんだ」とカミングアウトをすることがあったそうです。そういうときには、いつもの安本らしくない暗い真剣な空気が流れたのを覚えていると当時の同級生が語っています（佐野　前掲書：七七）。みなさんは、友人からこんなカミングアウトをされたら、どうするでしょう。

正義は勉強が非常にできて、久留米大学附属高校に進学します。しかし、高校一年生のときに、単身でアメリカに渡ることを決め、退学します。渡米できた背景には、正義の家庭がパチンコ屋で成功し裕福になっていたことがありますが、それだけが理由ではありません。彼はそのときの思いについて、次のように語っています。

「久留米大附属を卒業して、東大に行って、何か事業を始めようと思ったこともあります。国籍の問題があるので、大企業は雇ってくれない。それならいっそ、日本よりずっと自由なアメリカでビジネスの種を見つけた方が手っ取り早いと思ったんです」「たとえ韓国籍であっても、アメリカの大学を出れば、日本人は僕をもっと評価してくれるかもしれません」（佐野 前掲書：八七、一〇九）。

彼はアメリカに渡り、国籍も人種も多様な人間からなる場所で生活し、「それまでくよくよ悩んでいた自分がバカらしく思えてきた」と言います。名前も、孫と名乗りはじめます。そして、大学で経済学を必死に学び、すぐに会社を設立。不眠不休の努力でビジネスの世界に乗り出していきます。また、この頃にアメリカの大学で出会った大野優美と結婚しています。一九八一年、二十四歳で日本での活動もはじめ、ソフトバンクの前身となる会社を創りました。

さて、わたしがみなさんにお話ししたいのは、正義が日本国籍を取得したときのことです。彼は、「孫」という名字で日本国籍の取得を望んだのですが、法務省から前例がないと拒否され、手続きが進みません。そこで仕方なく一計を案じます。妻に頼んで、「大野」という彼女の名字を夫の名字である「孫」に変更する申し立てを家庭裁判所にしてもらい、日本国籍の孫優美になってもらいました。妻が外国人の夫の名字に変更することは、夫婦同姓の考え方から認められていたのです。そして法務省に、日本国籍で「孫」という前例があるはずだから、自分も認めるように求めました。こうして、孫正義・優美という「日本人」（日本国籍）の夫婦が生まれました。正義の帰化手続きは長期間にわたり、認められたのは、一九九〇年のことです。

ところで、日本国籍の取得の条件として、日本式氏名にすることは必要なことだったのでしょうか。正義は、植民地からの移民の三世として日本で生まれ、日本語を母語とし、日本社会で働いてきました。そもそも、こういう移民の子孫に、日本国籍取得の手続きを課すこと自体がおかしいと思います。また、その出自・名前を大切にしたいという思いは尊重すべきでしょう。最近では、陸上選手のサニブラウン・アブデル・ハキームや、ラグビー選手のリーチ・マイケルのように、日本国籍者のカタカナの名字も聞くようになりました。二〇一七年にノーベル文学賞をとったカズオ・イシグロ（Kazuo Ishiguro）は、両親に連れられて五歳でイギリスに渡り、この名前でイギリス国民となりました。同じように、多様な名前の「日本人」（日本国籍者）が当たり前に認められる社会になってほしいと思います。

４　わたしの名前とＫＦＣでの活動

（１）自分で新しい名前を創る

岡山で生まれたわたしの母は十六歳のときに一家で日本国籍を取得し、孫から「日本的」な名字に変わりました。母の兄は一家で初めて高校に進みましたが、朝鮮人であるために高校卒業時に就職口がなく、教師に勧められ、一家で日本国籍を取得したのです。伯父は成績優秀でしたが、こういう将来を予期してか、卒業に意味を見出せず、高校退学も担任に申し出ていたそうです。日本が高度経済成長で豊かになるなかでも、朝鮮人への偏見と差別は深刻でした。

わたしは、日本国籍をもつ在日朝鮮人二世の母と日本人の父との間に一九七六年に生まれました。父側の親族はもちろん、母側の親族も「日本人との結婚はうまくいかない」と反対したそうです。そういうなかでわたしは生まれ、朝鮮の朝と日本の日を取り、朝日と名づけられました（写真３）。

ただし、この朝日という名前の隠された意味は、わたしが言わなければ周りの人間はわかりません。「朝日はよい名前ですね」と言われます。差別を体験して育ったわたしの母親は、ルーツを隠して伝えているのです。わたしは、片田　朝日という名前で、普通の日本人として育ちました。同時に、小学生のときに自分の名前の由来を知り、また、母親の家系の苦労にふれて大きくなりました。大学生時代には、在日朝鮮人の歴史も学びました。母の家系に愛着を感じていましたし、差別によって朝鮮系の孫という名前が失われることを悔しく思いました。それで、大学生時代に母親の旧姓をミドル・ネームにして、「片田　孫　朝日」という名前を使いはじめたのです。今の職場の名簿も、この名前にしてもらっています。

孫正義はあるインタビューのなかで、「小学生、中学生の時に自殺したいぐらい悩んだ」、「それぐらい差別、人間に対する差別というのはつらいものがある」と話した上で、自分の名前について次のように語っています。「なぜ僕があえて親族、おじさん、おばさん全員の反対を押し切って一人だけ孫と正式に名乗ったか。そうやっ

写真３　朝鮮人移民の祖母と日本人の父、そして私

てつらい思いをしている在日の子どもたちに対して、一人でもいいから自分の先祖代々の名前を堂々と名乗って、様々なハンディキャップがあったとしても、それでもね、それなりにやれるんだという事例を一つ示したいと考えたから。それで希望を得る若者が一人でも一〇〇人でも出れば、それは『差別反対』と言って、何かプラカードを出して言うよりも一〇〇万倍効果がある」（大西 二〇一九）。

立派だと思います。同じ孫ですが、わたしは、孫正義の生い立ちを最近まで知りませんでした。また、孫正義のように、在日朝鮮人の次の世代のことを意識して、孫を名乗りはじめたわけでもありません。むしろ、大多数の日本人に向けて、多様な「日本人」がいることを、日々の生活のなかで、職場で示していくことが、自分にできることだろうと思って、戸籍名でない名前を使って生活をしています。最近、日本人の意識も大きく変わり、朝鮮人への差別や偏見は昔に比べて少なくなりました。しかし、在日朝鮮人への無知やヘイトスピーチ、隣国への敬意を欠く発言は続いています。そういうなかで、わたしのように、身近な親族や友人への差別や偏見について知った者には、できることがあると思うのです。

（２）神戸定住外国人支援センターの活動と日本のこれから

わたしが理事とボランティアをしている神戸定住外国人支援センター（ＫＦＣ）は、一九九五年の阪神淡路大震災をきっかけに、在日朝鮮人三世が創り、新しく日本に来たベトナム人や中国人、そして日本人がスタッフとして働くＮＰＯです。外国ルーツの小・中学生向けの学習支援や子ども食堂、高校生への奨学金事業、成人への日本語教室、高齢者の介護事業などを行っています。最近では、難民の日本定住を助ける支援も行っています（写真４）。

写真４　KFC の子どもの学習支援事業の様子

小・中学生向けの学習支援や子ども食堂事業でボランティアをしていて感じるのは、学校や行政による外国ルーツの子どもたちへの支援が非常に乏しいということです。ベトナムから来たばかりの子どもが、日本の中学校の社会科の授業についていけるはずがありません。日本語の会話もほとんどできないのに、「織田信長」のような難しい漢字を書かせるテストを受け、悪い点をとり、勉強に興味をなくしていくのです。

アメリカでもドイツでも、まずその国の言語の学習をカリキュラムとしてしっかり行います。カタカナや漢字が多く、言語の学習が難しい日本では、学習支援がさらに重要です。戦後、移民とその子どもを外国人化し、積極的な統合政策をとらずに放置し、本人の努力による同化だけを強いてきた結果、日本の政府・行政は、移民に対応するノウハウをもっていないのです。外国ルーツの子どもの高校や大学への進学率が低いのは、当たり前のことでしょう。

最近、日本に留学などでやって来た外国人や働きに来た移民のなかには、日本語を習得し自分の体験も活かして、新しくやって来る外国人への支援を担える有能な人たちがたくさんいます。そのような人たちを学校の教員や行政の公務員として積極的に採用すべきです。

また、少数派の在日朝鮮人のなかから、孫正義のような異才の起業家が出たように、日本で暮らし労働を担う移民は、日本の財産です。今でも、日本はほかの先進国に比べて移民の数が少ない国です。二〇一五年の定住外国人は総人口の約一・六%で、これに日本国籍取得者と父母のいずれかが外国籍の者を含めて約二・六%と推計されています(是川 二〇一八)。しかし、その少数者を切り捨てず、多様な人たちが暮らしやすい日本社会を創っていくことはできるはずです。

みなさんが、日本に暮らす在日朝鮮人などの移民や、日本に働きに来ている外国人労働者の存在に関心をもち、支援をしてくれることを願っています。神戸定住外国人支援センターは、外国ルーツのスタッフだけでなく、たくさんの日本人スタッフとボランティアによって運営されているのです。

■引用・参考文献

大西孝弘(二〇一九)「孫正義氏『自殺しようと思うぐらい悩んだ。差別はつらい』」日経ビジネス・オンライン、二〇一九年五月二八日 https://business.nikkei.com/atcl/seminar/19/00059/052400004/?P=2
加藤直樹(二〇一四)『九月、東京の路上で』ころから出版
是川夕(二〇一八)「日本における国際人口移動転換とその中長期的展望」『移民政策研究』第一〇号、明石書店
佐野眞一(二〇一二)『あんぽん』小学館
外村大(二〇一二)『朝鮮人強制連行』岩波新書
田中宏(二〇一三)『在日外国人 第三版』岩波新書
ピーティー・マーク(二〇一二)浅野豊美訳『植民地』慈学社出版
ベンハビブ・セイラ(二〇一四)内山恭一訳『他者の権利 新装版』法政大学出版局
水野直樹・文京洙(二〇一五)『在日朝鮮人』岩波新書

第10章

命の源、水を守る人々

インド、ケララ州の社会運動の現場を巡る

春日　匠

1　世界各地の社会問題を巡る旅へ

私はもともと文化人類学を研究していました。「文化人類学」というのは、ある地域の人々の文化や生活を研究する学問で、一般的には数か月から一年程度、世界各地の「村」に住み込んでその地域の人々がどんな作物を作っているか、どんなお祭りをしているか、またどういった関係の人々と一緒に住んでいるか（一般的には家族や親戚と住むわけですが、どのぐらいの範囲の人々を家族と考えるかは地域・文化によってだいぶ違っているのです）、といったことを研究しています。しかし、私は大学院の博士課程に進んだ頃から、世界のあちこちを短期間で見て回ることが多くなってきました。

そこには、貧困や環境問題、経済格差による大変な現実があり、またそれを乗り越えるための努力と希望がありました。世の中にはもちろん不公平や不合理があふれていますし、人間が存在する限り、そういった不公平がなくなることはないでしょう。一方で、私たちは少なくとも「生まれながらに不平等であれば、それは良くないことだ」という価値観を共有しています。だから、不公平を地球から根絶することはできなくても、少しずつ減らしていく努力はしていかないといけないと思っているわけです。

不公平を減らさなければいけない、もうひとつの深刻な理由は、「人類が今グローバルに抱えている問題は、世界全体で協力しなければ解決できない」という事実です。現在、人類はさまざまな環境問題に直面しています。特に気候変動（地球温暖化）の問題が有名だと思いますが、他にも生物多様性や海洋の酸性化、窒素やリンの過剰排出など、いずれも一か国だけが対策したところでどうにもならない問題だらけです。

たとえば温暖化について考えてみましょう。産業革命以降これまで、主に石炭や石油（「化石燃料」と総称されます）を燃やし、それによって車を使って快適な生活をしたり、あるいは高速道路やダムといったインフラを作ってきたのは日本を含めた「先進国」と呼ばれる国々です。

一方で「第三世界」と呼ばれる、日本を除くアジアやアフリカの国々などは、これまでほとんど化石燃料を使ってきませんでした。一九九〇年代半ばぐらいから、韓国、台

湾などが経済成長をはじめ、中国、インドなどの国々もそれに続きます。これらの国々は「新興国」と呼ばれますが、今まさに石油を使って大規模なインフラを構築しようとしています。そこで、「はい、おしまい。もう石油は使えません」と言われたら、それらの国々の人々はどう思うでしょうか？　また、アフリカの国々なども、いつかは経済成長して、高速道路などを造りたいと思っているわけですが、自分たちの番が回ってくるまでには石油は使い尽くされてしまっているかもしれない、と思っています。そういったなかで、先進国の私たちが、すでに石油をふんだんに使って構築したインフラを利用して楽に暮らしているにもかかわらず、「君たちの分の石油は残っていないんだよ。だから高速道路もダムも諦めてね」と言うのは、随分と傲慢な話と感じられるのではないでしょうか。

彼らにも石油の利用を控えてもらうとしたら、方法はただひとつでしょう。つまり、よりエネルギー消費が少なく、より快適に暮らせる方法を世界全体で開発し、第三世界の人々でも払えるような値段で共有することです。このために何が必要か、ということに関しては、国際連合（国連）が枠組みを明示しています。公平な開発のための、二〇三〇年までの行動目標を定めたものが「持続可能な開発目標」（ＳＤＧｓ）と呼ばれています。ＳＤＧｓについては、新聞でも多々取り上げられています。また、企業の積極的な貢献が求められていることもあり、日本の多くの企業も、自分たちの業務のなかに、ＳＤＧｓへの貢献を位置づけていたりします。今後、みなさんが、たとえば就職活動をする際に、「この会社はどんな社会貢献を考えていて、自分が働くことによってそれにどうかかわれるのか」ということが気になるのであれば、このＳＤＧｓをキーワードに調べてみてもいいかもしれません。

2　「世界社会フォーラム」のテントを訪ねる

そのようななかで私は、第三世界の人々が具体的にどんな問題を抱えているのか、実際にそれらの国々を調べたいと思ってきました。もちろん闇雲に行っても「問題」をみつけるのは難しいのですが、そういった「社会問題」をみつける絶好の機会が、「世界社会フォーラム」です。

世界社会フォーラムは、世界中から環境保護や貧困の問題に取り組むＮＧＯや労働組合など、さまざまな団体から多いときで一〇万人を超える参加者が集まって開かれています。二〇〇一年にブラジル南部のポルト・アレグレ市で第一回が開かれました。当初は毎年開かれていましたが、近年では二～三年に一回というペースになっています。その代わり、環境や経済、移民などテーマごとのフォーラムも数多く開かれるようになっています。

写真1　世界社会フォーラムの分科会の多くはテントで行われる（ブラジル、ポルト・アレグレ市、2005年）

開催地として選ばれたポルト・アレグレ市のあるブラジル南部リオ・グランジ・ド・スール州は、労働者党という左派政党が強い地域として知られています。同市はいち早く「参加型予算」と呼ばれるシステムを採用したことでも知られています。「参加型予算」とは、市民であれば誰でも参加できる集会で、市の予算の優先順位を決定するというシステムです。一般的には、市議会議員に選出されるようなエリートが予算を決めると、高速道路や工業団地などの経済インフラの整備を重視するのに対して、参加型予算は学校や病院などの予算を優先する傾向があると指摘されています。この方法は非常に革新的なものとして、ヨーロッパやアメリカ合衆国でも盛んに行われるようになってきました。

そんな都市ですから、州や市の政府も支援し、第一回が開かれました。その後、世界社会フォーラムは世界各地で開かれるようになります。ブラジル以外で最初に開かれたのは、インドの商業都市ムンバイです。その後、カラカス（ベネズエラ）、バマコ（マリ）、カラチ（パキスタン）、ナイロビ（ケニア）、ダカール（セネガル）、チュニス（チュニジア）、モントリオール（カナダ）などで開かれてきました（モントリオールを除けばすべて第三世界の都市です）。

フォーラムに集まった人々は、テントや会議室でテーマごとにそれぞれの抱えている問題を話し合います。音響は良くありませんし、数か国語が飛び交うことになります。大きなホールで開催される会議にはプロの通訳がつくこともありますが、多くの会場ではその場にいる人がボランティアで、ポルトガル語やヒンドゥ語から英語へ、あるいはその逆へと通訳をします。そんなわけですから、なかなか全体像を追っていくのも大変です。

写真1は、水道の問題を扱う会議の様子です。水はすべての生き物にとって欠かせないものであり、もちろん人間も例外ではありません。地球は水の惑星といわれますが、大半は飲むことのできない海水であり、私たちが利用できる真水はわずか二・五パーセントにすぎません。その水をめぐって、各地で争いも起こっています。

この重要性から、日本を含めた多くの国で、上下水道は自治体や公共機関によって運営されています。ところが、一九九〇年代から、こうしたやり方は不効率だとして、水道設備を民間企業（多くは先進国の多国籍企業です）に売り、民間企業が運営する方法に切り替わりはじめました。しかし、民間企業は利益を上げるのが目的です。民営化された水道会社が大幅に水道料金を上げ、貧しい家庭などが料金を払えず水道が止められるという事態が続出しました。これは大きな社会問題になります。

たとえば、ボリビアで新たに作られた水道会社は、米国ベクテル社など多国籍企業が合同で出資したものでした。一九九九年から二〇〇〇年にかけて、水道代を払いきれず水を止められた貧しい人々による大規模な抗議行動が勃発し、死者まで出る事態となりました。これを「ボリビア水戦争」と呼んだりもします。結局、水道は公営に戻されますが、会社は契約違反であるとしてボリビア政府に巨額の賠償金を求める訴訟を起こしました（後に和解）。ボリビアでの水紛争は比較的住民に有利に展開しましたが、それでも住民は多くの犠牲を払うことになったわけです。

二〇〇五年の世界社会フォーラムでは、オランダの「トランスナショナル・インスティテュート」（ＴＮＩ）という組織が中心となって、世界各国で起こっている水の問題に取り組む人々が参加し、彼らの取り組みや成功例を紹介しました。後に、ＴＮＩはこのとき参加していなかった団体にも声をかけ、世界各国の水道の民営化の問題やその解決先を集めた本を出版します。この本は『世界の〝水道民営化〟の実態――新たな公共水道をめざして』（作品社、二〇〇七年）として出版されました（私も少し翻訳をお手伝いしています）。この本では、先に挙げたボリビアのほかに、フィリピンのマニラや南アフリカなど第三世界の事例が数多く挙げられています。また、アメリカやフランスなど先進国の例も紹介されています。

そのなかに、インド南部のケララ州の事例がありました。この頃、ケララ州は水に関する二つの事例で国際的によく知られるようになっていました。一つが同書でも扱われているオラヴァナ村の水道に関する成功事例、もう一つがプラチマダ村の問題です。そこで私は、同書でケララについて書いた人に連絡を取り、現地を訪ねることにしました。

3　手づくりの水道（インド・オラヴァナ村）

ケララ州についてから最初に訪ねたのは、ケララ州第三の都市であるコージーコードの郊外にあるオラヴァナ村で

写真２　村民によって作られたオラヴァナの水道設備（インド・ケララ州、2006年）

す。コージーコードは現代では静かな街ですが、十五世紀にはこのあたりで最も栄えた港のひとつでした。ポルトガルの探検家ヴァスコ・ダ・ガマが最初に到着した港でもあります。

一九九〇年初頭のデータによれば、オラヴァナ村は二一平方キロメートルほどの土地に四万五〇〇〇人ほどが住む農村です。この地域の岩盤は固く、井戸を掘ることが難しいため、全戸の七〇パーセントが水を十分に手に入れられないという問題に悩んでいたといいます。そこで、人々はまず自分たちで、井戸のある家から井戸のない近隣の家々にパイプをつないで水を分け合うことからはじめました。こういったことは完全にボランティアで行われていたため、大規模なものにはなりませんでした。

一九九六年に、ケララ州が「ピープルズ・プラン・キャンペーン」という大きな政治イベントを行ったことで、この状況は変化します。これは、誰でも参加できる村ごとの会議（パンチャヤットと呼ばれます）を開催し、そこで村の人々が抱える問題やその解決策について話し合う、というものでした。先に触れたポルト・アレグレの「参加型予算」によく似ていますね。ケララ州でも、最大で州予算の四〇パーセントまでを、こうしたパンチャヤットが出した「解決策」のために支出すると決めていました。もちろん、オラヴァナのパンチャヤットでは水道の問題が話し合われ、村人総出で上下水道を敷設することに決め、この予算が活用されました。ケララ州には「ケララ民衆科学協会」という、科学者や学校の先生などからなるグループがありますが、このグループも、水道建設のために必要な知識や技術などを提供する支援を行いました。そうして、オラヴァナ村では完全に住民の手による水道網が、しかも州の水道公社がかかると考えていた予算よりはるかに安く出来上がりました。写真2は、そういった水道施設のひとつであり、その前に立っているのは、水道建設のリーダーとして活躍したオラヴァナ村の村民、バブー・パラセーリさんです。

オラヴァナの水道が、予想よりはるかに安く、また完全に住民の自治の元に造られたことは、世界に衝撃を与えました。特に国連は「オラヴァナ・モデル」として、こういったやり方を世界に広められるのではないかと考えました。しかし、それから二〇年近くが経ちますが、このモデルの成功例はさほど多くはありません。やはり、村の人々が熟慮に熟慮を重ね、また自分たちで責任をもつという決意の上に実行されたプロジェクトというのは、なかなか真似ができないのかもしれません。

4　水は誰のものか（インド・プラチマダ村）

もう一つの事例は、パラカッド市の郊外にある、プラチマダ村のお話です。この村では、清涼飲料水メーカーとして世界的に有名なコカ・コーラ社の（インド子会社であるヒンドゥスタン・コカ・コーラ社の）工場が一九九〇年代末に建設されました。ところが、この工場が操業を開始すると、近隣の村々の井戸が枯れはじめました。人々が生活や、畑で作物を育てるのに使っていた水が足りなくなりはじめたのです。

最盛期に工場は毎日約五六万リットルの清涼飲料水を生産し、そのために二〇〇万リットルを工場内の水源から利用していました。人々は、当然この工場に疑いの目を向けます。もちろん工場は、政府と取り決めた取水制限を守って操業しており、工場の稼動と近隣の村の水が枯れたこととは無関係だと主張しました。また、ケララ州政府の調査機関も、工場が原因で水が枯渇したという見方には否定的でした。

しかし同時に、工場が危険な廃棄物を排出しているのではないかという疑いも発生しました。工場が排出する汚泥は、肥料として近隣の農家に提供される計画になっていたのですが、この「肥料」をイギリスの大学が分析した結果、危険な量のカドミウムや鉛が含まれていることが判明しました。こうなるともう反対運動は止まりません。インド国内のみならず世界各地から著名な作家や社会運動家がプラチマダの問題に憂慮を示し、連帯を表明するようになりました。二〇〇四年にはそれらの人々がプラチマダに参集し、大きな会議が開かれました。会議では、人々が生活に必要な水を得る権利をもっていることを確認する「プラチマダ宣言」が採択されました。

運動の盛り上がりを受けて、自治体は工場の操業許可を取り消しましたが、工場側はこれを不服として裁判に訴えました。当初、裁判所は住民の危惧には根拠がないという立場をとりました。事態は二転三転しました。たとえば二〇〇五年には、取水量を五〇万リットルまで減らして操業を再開してよい、というのが裁判所の判断でした。そのため、工場の再開を警戒した住民たちは工場の前に小屋を作り、作業のためのトラックなどが工場に入ることがないように見張りをはじめました（写真3）。

ちょうどこの見張りが続いているときに、私はプラチマダを訪ねる機会を得たわけです。この日は、私たちだけではなく、インド銀行労働者組合のメンバーも大挙して工場前に集まっており、住民たちとの交流集会を開いていました。

工場側も操業制限を不服として、操業を再開しないまま最高裁に上告しました。工場は停止されたまま裁判闘争が続きましたが、ケララ政府が設置した独立委員会が工場の汚染者責任を認め、二〇一七年にコカ・コーラ社が裁判所に再開を断念すると通告して裁判も終了しました。しかし、この委員会が認定した工場による住民の被害への補償に関しては、ケララ政府（共産党が中心となった連立政権）が支払いを求めて法律をつくったものの、インド連邦政府が請求に後ろ向きであるため、支払われる見込みは立っていません。

先進国の企業と第三世界の政府の間では、こういったことはよく起こります。史上最も悲惨な工場事故といわれるのは、一九八四年、北インドのボパール市に作られた米国のユニオン・カーバイド社の工場で起こったものです。この事故では猛毒のガスが流出し、数千人の住民が死亡し、数十万人ともいわれる負傷者が出ました。ボパールの工場に設置された安全装置などは、基本的には同社が米国内の工場に設置したものと同等のものでしたが、コスト削減のためにそれらはほとんど停止しているか、十分にメンテナンスされていませんでした。また、工場それ自体も、貧しい人々が住む人口密集地帯に建てられており、安全性に対する配慮が欠けていたといわざるを得ません。

写真3　工場が操業再開しないよう不寝番を続けるプラチマダの村民（インド・ケララ州、2006年）

事故後、米国本社の経営者たちがインドで責任を取ることはありませんでした。米ユニオン・カーバイド社はその後、ダウ・ケミカル社に買収されましたが、ダウ社はインドでの責任を引き継いで賠償を支払うことを現在まで拒否しています。

「グローバル化」と呼ばれるように、世界は狭くなっており、先進国の多国籍企業が第三世界で活動するようになっています。もちろん、そのおかげでインドのような国々でも所得が伸び、人々の生活が安定してきたという面は否定できないでしょう。ケララ州を含む南インドも、一九九〇年代以降の情報産業ブームの波に乗って、飛躍的な経済成長を遂げてきました。しかし、その一方で特にプラチマダを含む農村部では、そういった成長から取り残されたばかりか、公害や気候変動による被害など、人類の成長の負の部分だけ背負わされてしまっている面は否めません。

しかし、通常そういった農村に住んでいる人々の言葉は、都市住民が運営する新聞やメディアには届きにくく、彼ら自身が（識字率が低いことも多いし、インターネットなども十分につながっておらず）情報発信することも難しいわけです。そんななかで、プラチマダの人々が立ち上がり、声をあげ、世界中の人々がそれに答えた、という「成功体験」は、非常に大きな意義をもっているわけです。

5 「人類の未来」への想像力をもとう

冒頭に述べたように、グローバルな環境問題を抱えている人類は、グローバルに協力して問題を解決していくしかありません。もちろん、先進国の人々に尋ねれば「我々も随分と国際協力をしてきたのではないか」と言うかもしれません。しかし、世界の人々の問題は多様であり、また実は彼らが解決のためにすでにもっている手段も多様なのです。

「先進国」に住む私たちはつい、先進国並みの生活、つまり家にはエアコンと車があり、街と街を高速道路がつないでおり、夕食にはステーキが出るような生活を幸せだと思い、「開発援助」においても、その価値観を世界の人々にも押し付けるようなやり方になりがちです。問題は、そういった生活は環境負荷が大きく、七五億人全員がそういった生活をすることはできないということです。また、良かれと思って誘致した工場が、実は地元の生活を破壊しているといったこともあるわけです。

一方、オラヴァナの水道のケースは、先進国の大手企業でないと行えないような大規模な工事を行わなくても、持続可能で適正な規模の技術で住民の生活ニーズを満たす方法はまだまだある、ということを教えてくれます。こういった方法を学ぶことは、第三世界の問題を抱えた他の地域を助けるためにも有効であるばかりか、私たち自身が、もう少し環境に優しい生活を送るためにも大いに有効かもしれません。

ここであげたケララの二つのケースは、実は私が世界中で見てきたなかでは、比較的希望がもてる事例です。ここで触れる余裕はありませんが、多くの問題はより深刻でした。ではなぜケララの人々が、比較的よい結果を導けたのでしょうか？

それは、ケララの文化に根付いた民主的な討議の習慣のおかげだと私は思っています。ケララはインドのなかでも決して裕福な地域ではありません。必ずしも農業に適さない地盤に、高い人口密度で人が住んでいる土地でもあります。一方、ケララはインドのなかでも飛び抜けて識字率が高く、また先に説明したように、民主的な予算配分などに取り組んできた州です。

民主的であるとは他者の困難に耳を傾け、協力して問題解決にあたる姿勢をもつということです。そうすれば、これから人類が直面するさまざまな環境問題にも立ち向かえる、新たなライフスタイルを生み出していけるでしょう。

コラム 9

アボリジニ、そしてアイヌ民族との出会いから

1 オーストラリア・アボリジニとの出会い

オーストラリアへ初めて留学した二〇〇一年、私はホストファミリーから勧められて現地の大学でアボリジニ文化を学んだ。アボリジニとは、オーストラリア大陸において六万年以上も前から（Reynolds 2011: 1）狩猟採集を生業として生活を営んできた先住諸民族の総称である[1]。十七世紀にヨーロッパ人がオーストラリア大陸へ到達した際、「文化の違い」が誤解や摩擦を生み、両者の間の圧倒的な力の差から、ついにはアボリジニに対する虐殺や略奪、隔離、主流社会のやり方を強制的に受け入れさせる同化政策の強行といった悲劇が起こった。オーストラリア政府統計局によると、二〇一六年時点のアボリジニの人口は、オーストラリア全体の約三%を占めているにすぎない。オーストラリア政府はこれまでにアボリジニに関するさまざまな政策を実施し、過去の非道について公式に謝罪し、和解の努力をすすめてきた。しかし、アボリジニは今も自分たちの文化を守って生きていくことが非常に困難な状況におかれている。

ここで、事の発端となった「文化の違い」について、もう少し詳しく見てみよう。アボリジニにはドリーミング（The dreaming）と呼ばれる口頭伝承がある。ドリーミングは、アボリジニの価値観や考え方、行動を基礎づけているもので、山や川といった土地の形状の由来を示すとともに（Rolls & Johnson 2011: 65-66）、アボリジニ自身の存在理由をも表しており（Dodson 1988:9-10）、過去・現在・未来を結ぶ大切なものとしてアボリジニの間で世代を超えて語り継がれてきたものである。このようにアボリジニは土地と密接な精神的結びつきを有しており、彼らにとって土地は「母なる大地」であり、精神性や文化・社会生活の拠り所であって、人間に所有されるものなどではない（Dodson 1988: 9-10）。土地を「所有」の対象と考えるヨーロッパ人に対して、アボリジニの土地に関する考え方は大きく異なっている。そして、この価値観の違いが、ヨーロッパ人の入植後から両者の間に摩擦を生じさせ、アボリジニに対する虐殺や排除へとつながっていった（Broome 1994: 36-39）。

現在でも、アボリジニに対する差別や偏見といった問題は解消されておらず、アボリジニと主流社会に属するオーストラリア人との間には大きな溝が存在している。たとえば、泉やある特定の土地はドリーミングにおいては聖地とされている。しかしアボリジニ以外の多くのオーストラリア人にとってはその重要性を理解するのが困難な側面がある。そしてそれゆえアボリジニの聖地がぞんざいに扱われたり、鉱山開発や農工業用地として利用するためにアボリジニ文化に対する十分な配慮がなされないまま破壊されるケースが多い。

私が二〇一二年に調査で訪れた南オーストラリア州ヨーク・ペニンシュラの伝統的な所有者である、アジュラ・ランド（Adjahdura Land）のアボリジニも例外ではない。そこにはアボリジニにとって文化的に重要な場所

が存在していたが、それらの重要性が主流社会には理解されず、その多くは開発により破壊されてしまった。また、アボリジニの風習によると海岸や砂浜は祖先の遺骨を埋葬する場所であるため、アボリジニの祖先の多くがそこに眠っている。アボリジニはこのことについて主流社会に何度も訴えてきた。しかし、美しい海岸沿いは経済的価値が高いこともあり開発業者に買い占められ、工事の途中で多数のアボリジニの人骨が見つかってもかまわず開発が続行されたことから、両者の間に摩擦が生じていた（Mavromatis & Wanganeen 2007）。

自分たちに関わる政策についての決定権がないなかで、アジュラ・ランドのアボリジニはまた、「どの情報を相手に伝えるのか」に関して取捨選択を行いながら主流社会による同化の波と必死に戦っていた。具体的には、国立公園として保護されている場所について、彼らは部外者である政府関係者に対して「アボリジニにとって重要かつ神聖な場所に関することがらのすべて」を教えているわけではないという。すべてを教えてしまえば、好奇の目から観光客が押し寄せ、自分たちが大切にしている神聖な場所へ土足で入ってこられると困るためである。

オーストラリア・アボリジニのケースから言えることは、文化の違いを尊重し、相手を理解しようとすることの重要性と同時に、大切なことはその文化のなかで生きてきた者にしかわからない、ということである。そして、真の意味での文化の保護・振興をしようというのであれば、あるものの価値を他者に伝えるかどうかの選択も含めて、決めるのはその文化のなかで生きてきた当事者たちでなければならない。そうあらためて考えさせられた。

2　アイヌ民族との出会い

アイヌ民族について学ぶようになったのは、オーストラリアでの経験がきっかけである。北海道を訪れるなか、日本にもオーストラリアと類似した状況が存在していることに気づかされた。

「アイヌ」とはアイヌ語で「人、人間」という意味であり（萱野 二〇〇二：四二‐四四）、アイヌ民族は、北海道を中心に日本列島北部周辺において日本の統治が及ぶはるか以前から独自の言語と文化を有し、狩猟採集を生業として生活を営んできた先住民族である。アイヌ民族と本州の人々との間には交易などを通じた長い歴史が存在するが、近世以降アイヌ民族に対する過酷な強制労働や搾取が横行し、さらに明治時代にはいるとアイヌ民族は一方的に日本に組み込まれた（榎森 二〇〇七：一六‐二二、一七七‐二一〇、三八八‐三九二）。土地を奪われ、狩猟や漁撈に関する新たな制限が加えられて困窮するアイヌ民族に対して、政府はアイヌ民族にとってなじみのない農業を奨励し、同化を推し進めていった。差別を恐れてアイヌ民族は自分たちの子どもにアイヌ語を教えることすらできない状況にあったという。このような歴史的経緯から、アイヌ民族とアイヌ民族以外の日本人との間には今なお社会経済的な格差が存在し、アイヌ民族に対する差別も残っている。

しかし、政府は一九八〇年代まで国際社会の場でアイヌ民族を少数民族とすら認めず、先住民族と認めるようになったのも二〇〇八年になってからのことである。こうした状況のなか、一九九〇年代には北海道沙《さ》流《る》郡の二風谷《にぶたに》地域において、アイヌ民族にとって非常に重要な土地である沙流川にダムが建設された。アイヌ民族から反対の声があったにもかかわらず、祈りの場を含む重要な土地や遺跡が破壊される結果となってしまった(2)。その直後に政府は、アイヌ文化の振興施策をスタートさせたが(3)、何が「文化」に属するのかという根本的な問題を含めて政策に関する決定権がアイヌ民族にはなかった。

二〇一九年四月に制定されたアイヌ施策推進法(4)は、アイヌ民族の誇りが尊重される共生社会の実現を目的とし、アイヌ民族を先住民族として認めている点で評価される。しかし一方で、過去の略奪や同化政策に対する謝罪や賠償がなく、文化振興に大きく偏っており、アイヌ民族が自分たちの運命を自分たちで決めることのできる権利である自決権に関する規定もない。このような現状から、アイヌ民族もまた、自分たちの文化やアイデンティティを守りながら生きていくのが非常に困難な状況におかれているといえる。そして、アボリジニの経験とも重なる部分があるが、「当事者」であるアイヌ民族に意思決定権が認められていないなか、真の意味での文化の保護や振興、民族の共生は果たして可能なのか、今後の課題である。

（宮崎　紗織）

●注

（1）ヨーロッパ人による植民地化がはじまった一七八八年当時、約二五〇の異なるアボリジニ言語と三〇〇〜七〇〇のアボリジニ部族が存在していたと推定されている（Rolls & Johnson, 2011:105, 169）。

（2）札幌地裁平成九年三月二七日判決（二風谷ダム事件）。

（3）「アイヌ文化の振興並びにアイヌの伝統等に関する知識の普及及び啓発に関する法律」（平成九年法律第五十二号）。

（4）「アイヌの人々の誇りが尊重される社会を実現するための施策の推進に関する法律」（平成三十一年法律第十六号）。

■引用文献

Australian Bureau of Statistics, 2018, "Summary Commentary," Canberra (Retrieved December 22, 2019, https://www.abs.gov.au/ausstats/abs@.nsf/mf/3238.0.55.001).

Broome, R., 1994, *Aboriginal Australians: Black Responses to White Dominance 1788-1994*, 2nd ed., St Leonards NSW: Allen & Unwin.

Dodson, P., 1988, "Giant Jigsaw Puzzle," *New Internationalist*, August: 9-10.

Mavromatis, K. & Wanganeen, N. & MAV Media & Ronin Films 2007, *Sacred Ground*, Ronin Films [distributor], Civic Square, ACT.

Reynolds, H., 2011, "Introduction" in Rolls, M. & Johnson, M., *Historical Dictionary of Australian Aborigines*, Lanham: Scarecrow Press, Inc., pp.1-8.

Rolls, M. and Johnson, M., 2011, *Historical Dictionary of Australian Aborigines*, Lanham: Scarecrow Press, Inc.

榎森進（二〇〇七）『アイヌ民族の歴史』草風館

萱野茂（二〇〇二）『アイヌのイタㇰタクサ――言葉の清め草』冬青社

コラム 10

広島原爆と「在外被爆者」

1　はじめに

一九四五年八月六日に広島、九日には長崎に原爆が投下されたことは、多くの人が知っているだろう。広島市ホームページには、「原爆による被害の特質は、大量破壊、大量殺りくが瞬時に、かつ無差別に引き起こされたこと、放射線による障害がその後も長期間にわたり人々を苦しめたこと」とある。しかし、「原爆による被害」に「無差別に」援護の手が伸べられたわけではない。また「唯一の（戦争）被爆国」という言葉からは、原爆が「日本人」の被害だと受け取られがちだが、実はそうではない。被爆後に朝鮮半島や中国、沖縄などの出身地に戻ったり国外へ移住したりした「在外被爆者」と呼ばれる人々は、長らく「被爆者」とは認められず、公的支援の対象ではなかった。

本コラムでは、朝鮮半島と沖縄の「在外被爆者」に注目し、「戦争」と「平和」の一端を考えるきっかけとしたい。なお私は広島に生まれ育ったが、親や祖父母は「被爆者」ではない。広島においても、原爆に対する意識や感情には個人差があり、本記述はあくまで私個人の見解であることをお断りしておく。

2　「在外被爆者」の存在

日本政府は一九五一年のサンフランシスコ平和条約で米国への戦争賠償請求の権利を放棄し、一九五七年に「原子爆弾被爆者の医療等に関する法律」（原爆医療法）を施行して「被爆者」を位置づけた。同法により、広島と長崎の「対象区域」で被爆した約二〇万人に「被爆者健康手帳」（被爆者手帳）が交付され、「認定疾病」に対する医療給付と無料健康診断が実施されることになった（厚生労働省 二〇一九）。同法は社会保障法の一環とされ、国内居住者であれば外国籍でも援護の対象となったが、被爆後に国外へ移動した人はこの枠外に置かれた（福永 二〇一六）。

その後「原爆医療法」は改定を重ね、「認定疾病」外の医療費自己負担分の無料化、被爆地の範囲拡大（爆心から二キロメートル→三キロメートル）、投下後二週間以内の入市被爆の認定などが行われ、一九六八年の「原子爆弾被爆者に対する特別措置に関する法律」では健康管理手当の支給等が定められた。一九九四年にはこの二法を補完する「原子爆弾被爆者に対する援護に関する法律」（被爆者援護法）が制定され、これらは原爆被害者援護施策を示す「原爆三法」と呼ばれる。

一方で被爆時の広島には、留学生やアメリカ人捕虜を含む多様な国と地域の出身者がおり、生き延びて帰国した人や海外移住した日本人、さらにサンフランシスコ平和条約第三条により国内法の適用がなくなった沖縄に帰った人などは「在外被爆者」と呼ばれ、援護施策の対象とならなかった。いったん日本国内で「被爆者」と認定された者も、海外に居住したときにはその受給権を失うとの厚生省通達が出されており、これが廃止されたのは二〇〇三年だった。その後、「被爆者」認定の道は拡張されたが、それは「在外被爆者」が提起した「原爆三法」を不服とする数多くの訴訟の結果であった。

3　沖縄の「在外被爆者」

一九五四年、米国がビキニ環礁で行った水爆実験によるマグロ漁船・第五福竜丸の被曝事件を機に、広島・長崎の原爆被害を訴える運動が本格化した。しかしそのなかでも、「在外被爆者」に関心が払われることはほとんどなかった。

沖縄の原爆被害者の存在が明らかになったのは一九六三年、ひとりの女性が、広島陸軍病院で看護婦として勤務中に被爆したことを、原水爆禁止運動団体の関係者に語ったことがきっかけだった（大牟田　一九六五）。学生時代から広島の原爆被害者に寄り添う活動を行い、中国新聞の記者となった大牟田稔は、「沖縄にも被爆者がいる」（傍点は原文のママ）と衝撃を受け、一九六四年に沖縄を訪れて一九名の原爆被害者に面会する。彼らが原爆投下時の広島や長崎にいた経緯はさまざまだが、広島の遊郭に多数の沖縄出身女性がいたという複数の証言もある。大牟田の新聞連載記事から広島の医師による救援や調査の動きが起こり、一九六四年に八二人といわれていた沖縄在住の原爆被害者は、翌年一七二人（広島六二人、長崎一一〇人）となった。一方一九六三年、沖縄市民が「本土」に原爆被害の問題を提起し、翌年「広島・長崎被爆者連盟」を結成、一九六五年には日本政府に対し「法的に不利益をこうむった」との違憲訴訟を行う（大牟田　前掲書）。これらを受けて一九六六年、沖縄在住の原爆被害者に対する「原爆医療法」の準用が認められた。

大牟田はしばしば「日本であって日本でない」状況に置かれた沖縄に対し、「日本人として」の同情を吐露している（大牟田　前掲書）。戦時下で「本土」の盾とされ、戦後は米国統治下に置かれた沖縄を、「日本」と呼ぶ単純さには批判もありうるだろう。しかしベトナム戦争が本格化する当時、沖縄の原爆被害者は「原爆症にならないうちに本土復帰を」と切実に願っていたのである。

4　朝鮮半島の「在外被爆者」

厚生労働省の「在外被爆者援護対策の概要」によれば二〇一九年三月時点での「在外被爆者」（手帳所持者）は約三〇〇〇人、その多くは朝鮮半島出身者である。

一九九〇年代に広島市長を務めた平岡敬は、「朝鮮に育った」のち敗戦の年に日本へ帰り、新聞記者として広島に住んだ一九六五年、在日韓国居留民団広島県本部の被爆者調査派遣団から「韓国に被爆者が五千人もいる」との報告を聞く（平岡　一九六六）。「それを朝鮮人から指摘されたことが、私にははずかしかった。朝鮮に郷愁めいた思いを抱きながら、しょせん私も原爆問題のなかに〝朝鮮〟の占める場所を持たない日本人のひとりであった」と彼は書いている。同年、韓国で七名の原爆被害者を訪ねるが、彼らの多くは後遺症や子どもへの影響に不安を感じつつ、健康保険のない韓国では治療への展望もない。「被爆朝鮮人は日本の植民地支配と原爆被害という二重の被害の体現者である」と平岡は記している（平岡　前掲書）。

二年後の一九六八年、「生ましめん哉《かな》」で有名な詩人で自身も「被爆者」である栗原貞子は、広島で被爆した韓国人女性が釜山を出港し山口県に漂着、密航者として逮捕されたことを記述している（栗原 一九七〇）。女性は被爆した家族とともに朝鮮半島へ帰国し、父親は「原爆症らしい症状を現わして死亡」、彼女もまた体調不良で、二人の子どもを母親に預け日本での治療を求めて海を渡った。日本の植民地支配と強制徴用の結果、原爆のまきぞえになった朝鮮半島出身の原爆被害者が、日韓両政府から放置され、日本の「被爆者」からも顧みられなかったと、栗原は指摘する（栗原 同）。

その後も「不法入国」した「在韓被爆者」が、被爆者手帳交付申請却下処分の取消を求めて訴訟を行った。「原爆医療法」を「戦争遂行主体であった国が自らの責任によりその救済をはかる」ものとし、国家補償の性格に論及した判決（孫振斗《ソンジンドゥ》訴訟最高裁判決）が出されたのは一九七八年であった（福永 二〇一六）。なお中国人原爆被害者に被爆者手帳が交付されたのは一九八一年である（楊 二〇一七）。

5 「在外被爆者」と広島

日本による「韓国併合」は一九一〇年、主に一九二〇年以降、生活の糧を求めて日本へ渡ったり、一九三八年の国家総動員法のもとで徴用されたりしたことにより、広島には朝鮮半島出身定住者の集住地が形成された。原爆投下時の広島で約五万人、長崎では約二万人の朝鮮半島出身者が被爆し、広島では約三万人が、長崎では約一万人が命を落としたとされる。生き残った原爆被害者の多くは朝鮮半島に引き揚げたが、分断された祖国で、孤立したまま原爆後遺症と差別と貧困に苦しみ、差別と貧困は子や孫の世代にまで影響を及ぼしたという（黒川 二〇一七）。

多数の朝鮮半島出身者や中国、沖縄などの出身者が広島にいた背景には、当時の広島が日本における軍事都市であったことがあげられる。戦前期の広島は旧字体で「廣島」と表され、日清戦争（一八九四―一八九五）時の一八九四年に天皇直属の最高統帥《とうすい》機関（司令部）である大本営が置かれ、以降、戦争を経るごとに膨張した。一九四二年には人口四一万人を数える西日本最大の都市となり、一九四五年はじめには「本土決戦」の基地となった（広島復興大博覧会誌編集委員会編 一九五九）。この間、陸軍運輸部や関連工場が増設され、労働力が集められた。

広島における原爆投下は、「大量破壊、大量殺りくが瞬時に、かつ無差別に引き起こされたこと」として、今も記憶されている。しかし残念ながら、「無差別に引き起こされた」惨劇のもとで、市民の間に被害者への同情が等しくあったわけではない。私が会った「被爆者」のひとりは、原爆投下直後の広島で、朝鮮半島出身者が各戸の井戸に毒を入れたと語った。原爆でさえ、彼らに向けられた差別を破壊することはなかったのである。

6 原爆をめぐるルーツ（roots/ routes）

国籍や民族、出自などアイデンティティとする根（roots）は、さまざまな動機や強いられた移動による経路（routes）と交差しており（クリフォード 二〇〇二）、「在外被爆者」はその交差のなかで原爆に遭遇した。また、法的位置づけとしての「被爆者」以外にも、原爆被害やその影響を受けた人々がおり、さらに直接的な被害がなくても被害者に寄り添い同伴者となった人も少なくない。

一九六〇年代に沖縄を訪れた大牟田や広島の医師たち、平岡や被爆した韓国女性を支援した人々は、あるときは「日本人」であることに依拠し、またあるときは「原爆被害」という属性に基づき、連帯を探り日本政府の責任を追及した。

　ただし前節で指摘したように、原爆被害がそのまま連帯を産むわけではなかったし、「被爆者」が当然のこととして核兵器廃絶と平和を訴えたわけでもない（直野 二〇一五）。広島市民もまた、自動的に「平和」の理念を体現しその獲得を命題としているわけではない。「平和」の象徴としての「被爆者」や「ヒロシマ」は、主に外からの期待の表れであり、広島自身によって演出されてもいるが、それは多分に実態とずれている。

　しかしそれは、「被爆者」でなくとも、広島とかかわりがなくとも、「戦争」と「平和」について考えることができる、ということでもある。私たちは、さまざまな要素が交差するなかで日々「戦争」と「平和」に遭遇し、必ずしも対義ではないその不確定さのなかにいる、ということに目を向けてみてもいいのではないだろうか。

（木村　尚子）

■引用文献

福永実（二〇一六）「被爆者援護法の解釈と国家補償――最判平成二七年九月八日民集六九巻六号一六〇七頁を契機として」『広島法科大学院論集』第一二号、二四七―二七六頁

平岡敬（一九六六）「韓国の原爆被災者を訪ねて」『世界』第二四五号（一九六六年四月）二二九―二三五頁

広島復興大博覧会誌編集委員会編（一九五九）『広島復興大博覧会誌』広島市役所

広島市ホームページ「原爆・平和」http://www.city.hiroshima.lg.jp/www/genre/1001000002088/index.html（2019年9月24日閲覧）

クリフォード、ジェイムズ（二〇〇二）『ルーツ――二〇世紀の旅と翻訳』毛利嘉孝他訳、月曜社（*James Clifford, Routes: Travel and Translation In the Late Twentieth Century*, Harvard University Press, 1997.）

厚生労働省（二〇一九）「被爆者援護施策の歴史」https://www.mhlw.go.jp/bunya/kenkou/genbaku09/17.html（2019年9月22日閲覧）

栗原貞子（一九七〇）『どきゅめんと・ヒロシマ二四年』社会新報

黒川伊織（二〇一七）「29朝鮮人被爆者を／が語る」川口隆行編著『〈原爆〉を読む文化辞典』青弓社、一六三―一六七頁

直野章子（二〇一五）『原爆体験と戦後日本――記憶の形成と継承』岩波書店

大牟田稔（一九六五）「沖縄の被爆者たち」山代巴編『この世界の片隅で』岩波書店　一八五―二一二頁

楊小平（二〇一七）「中国人留学生の原爆被爆とヒロシマ――広島大学前身校の中国人留学生被爆者の人生を通して」『アジア社会文化研究』一八号、一四七―一七一頁

終章

「あたりまえ」を問う

中田　裕一

1 差別や排除の背景にあるもの

これまでの各章では、わたしたちの日常生活にとってかかわりの深い事柄である「家族」「教育」「性」「労働」「ルーツ」の五つの観点から、執筆者の経験やその思いなどが語られてきました。いずれの章でも、何らかの「あたりまえ」への違和感や問題意識から、新たな道筋を探ってきた過程が読み取れたのではないでしょうか。

本章では、これまでの語りをふまえて、無意識な差別や排除などの背景にもある「あたりまえ」について、より深く考えていきたいと思います。

わたしたちの社会には、身につけて当然なことや、昔ながらの価値観があります。それはあたかも自然発生的なものであるかのように感じられるかもしれません。しかし、「あたりまえ」とされているものが、すべて自然に発生してきたわけではありません。以下ではまず、わたしたちが自然にできるようになると思っていることの代表格として、「運動」について掘り下げてみます。

2 運動の「あたりまえ」

(1) 歩けるのは「あたりまえ」?

赤ちゃんは、ある時期にいきなり歩き出すわけではありません。まず首がすわり始め、はいはい期を経てつかまり立ち、伝い歩きができるようになり、平均生後一年あまりでいよいよひとりで歩き始めるといった過程があります。この過程において、多くの場合、赤ちゃんは周りの人に抱きあげられて背筋を伸ばした姿勢になったり、体を支えられながら立つことでバランスを保てるようになったりするなど、歩くためのさまざまな練習をしています（写真1）。

赤ちゃんが歩けるようになる過程について、体育哲学者の佐藤臣彦は、周りの人々の助けや励ましと、赤ちゃん自身の努力・学習・模倣との相互作用が重要であると述べています[1]（佐藤 一九九三）。

写真1　歩く練習

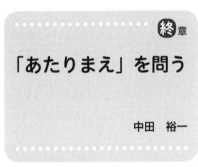

もちろん、生まれたばかりの赤ちゃんを、意図的に他の人間の手が届かない環境に置いて、自然と歩くことができるか確かめることは不可能ですが、ここで述べておきたいことは、わたしたちが、実際にはさまざまな社会のかかわりのなかで獲得してきた、歩くという運動を、あたかも自然発生的なものであるかのように見なしているのではないかということです。

（2）運動の形式

歩くことの他にどのような運動があるか、もうすこし考えてみたいと思います。[2]

運動には、さまざまな形式があります。たとえば、わたしたちは生活のなかで、歩いたり、床に正座やあぐらで座ったりする形式や、挨拶する時に握手やお辞儀をする形式を習慣的にとっています。

また、スポーツや楽器演奏などの形式では、目標とする運動を習得するだけではなく、技術的な改良にも取り組まなければなりません。

このように、多様な生活環境において表現されるさまざまな運動のなかには、「自然にできるようになった」と思っているものもあるでしょう。しかし実際には、それらの運動を習得する過程で、わたしたちは「他者からの働きかけ」を受けています。また、人が人に働きかけ、ある運動を教える際には、まず教える人が、その運動の形式（form）を知っていなければなりません。[3]

つまり、わたしたちが「あたりまえ」にしている運動の多くは、さまざまな運動の形式に基づいて、何らかの仕方で他者から働きかけられた結果としてとらえることができます。

3　文化の「あたりまえ」

（1）文化の本質

次に、社会において「文化」として伝えられてきたもののしくみについて考えていきたいと思います。

辞書的定義における文化とは、「①文徳で民を教化すること。②世の中が開けて生活が便利になること。③人間が自然に手を加えて形成してきた物心両面の成果」と定義されています（新村 一九九一）。この辞書的定義からも、文化とは、第一節でみてきた運動と同様に、何らかの人為的な働きかけに関係していることが理解できます。

人為的な働きかけによってつくりあげられた文化の例として、スポーツと言語を考えてみましょう。ここでは特に、形式（form）と技能（skill）という面に注目して考えてみたいと思います。

たとえばサッカーやラグビーといったスポーツには、それぞれに身につけなければならない独特な運動やルール（form）があり、その形式を通すことで個性豊かな技能（skill）を表現できます。

言語においても、日本語という形式（form）を通し、例えば、特徴ある大阪弁を技能（skill）として表現することができます。また、日本語以外の言葉を理解しようとすると、その言葉の形式（form）を通さなければ解読することができません。

このように、文化とは、人為的な働きかけによってつくりあげられ、わたしたちの行動をコントロールする構造をもっているといえます。[4]

(2) 価値観

では、このわたしたちをコントロールする働きの背後には、何があるのでしょうか？

たとえば、わたしたちは食事をするとき、あまり意識せずお箸を使っていると思います。お箸の持ち方を教わった頃のことを思い出してみてほしいのですが、その際に、「お箸の持ち方」（図1）[5]という具体的な運動の形式だけではなく、お箸の持ち方（使い方）に対する「お行儀が良い・悪い」などの価値観も含めて教わったのではないでしょうか。

持ち方だけではなく、お箸で食べ物を取る場合も、機能的であればどんな使い方でもよいわけではありません。日本の生活環境（食環境）に根付いた「お行儀の良いお箸の使い方」には、見栄えといった価値観も同時に含まれています。

このように、生活環境のなかで培われた価値観は、再びさまざまな文化のなかに取り込まれ継承されることになります。

わたしたちにとっての「あたりまえ」とは、生活環境のなかで培われた価値観によってつくりあげられてきた、文化というさまざまな形式（form）であるということになります。

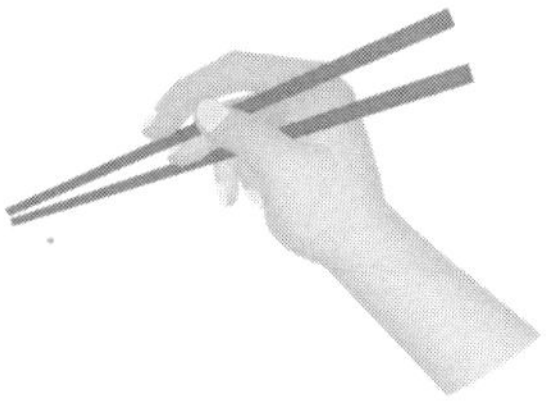

図1　お箸の持ち方

4 「あたりまえ」を変えるには

(1) 当事者からのスタート

前節でみたように、文化としての形式（form）は、さまざまな「あたりまえ」として存在しています。しかし、「あたりまえ」なことは、時代のニーズや変化により、「あたりまえ」でなくなることもあります。

学校の規則を例に挙げれば、第三章で述べられたように、「なぜ男子は丸刈りでなければならないのか?」、「なぜみんな同じ髪色でないといけないのか?」と問う動きなどが出てきています。

同様なことは、社会のさまざまな場面でみられます。たとえば、「セクハラ、パワハラ」などのハラスメント（このくらいなら大丈夫という価値観）や、いわゆるブラック企業についての社会的意識は、近年どのように変化してきたでしょうか。

ハラスメントについては、各事業所で防止対策を講じることが義務化されました（二〇一九年五月関連法案可決）。長時間労働やサービス残業などは、「あたりまえ」という感覚あるいは美談的な価値観から、違法行為として社会問題化するまでに至りました。

このような事例においては、当事者である個人が、圧倒的にパワーバランスが異なる大きな組織と対峙することから問題提起がスタートします[6]。そこからさらに社会全体の問題として認識されるまでに、多大なエネルギーや準備期間を要したであろうことは容易に想像できるでしょう。

(2) 問い直す勇気

「あたりまえ」な対象が「あたりまえ」でなくなるには、まず「それってあたりまえ?」と問いなおす視点が必要となります。これは、一旦つくりあげられた対象（文化としての形式）に対し、逆走するイメージに近いかもしれません。

たとえば、ぎゅうぎゅう詰めの満員電車からひとりだけ駅に降りようとすると身動きが取れず、かなりの力を振り絞らないと、自分が望む方向に進めないといった状況になるのではないでしょうか[7]（写真2）。

この場合、自身が希望する方向へ進みたいのであれば、周りにいる人たちに声を掛けつつ進みたい方向を空けてもらうか、前の人にも同じ方向に進んでもらうしかありません。つまりこのような状況のもとでは、一人の力だけでは、スムーズに希望する方向へ進むことはできません。

大勢の人がもっている価値観によってつくりあげられた

文化（形式）を、これまでと異なる方向（価値観）へと転換し、新しい文化（形式）をつくりあげることには、相当困難な営為活動が待っていることになります。

「あたりまえ」の対象は、身動きすら困難な巨大な力となってわたしたちの前に立ち現われてきますが、もともとは、わたしたち個々人の営為活動が集結した結果であることは間違いありません。だからこそ、巨大な力が向いている（みんなで進んでいる）方向に進みながらも、「本当にこの方向でいいのか？」といった問いかけや、多数派以外の問いかけに意識を向けるといった小さな個々人の営為活動を持続することが必要ではないでしょうか。

みなさんの周りにある「あたりまえ」は、どのような対象（形式）として現れていますか？

「それってあたりまえ？」と問いかけてみませんか。もしかすると、何かこれまでと違った景色が見えてくるかもしれません。

写真２　身動きが取りにくい状況

●注

（1）周囲の人々からの働きかけがあっても、さまざまな要因から、赤ちゃんが歩けるようにならない場合もあります。

（2）本章でいう運動は、随意運動のことを指し、反射などの不随意運動を指し示すものではありません。

（3）お辞儀の仕方やテニスでのサーブの打ち方などが、運動の「形式」となります。

（4）一九世紀の思想家マルクス（Karl Heinrich Marx）は、特に労働の過程を考察し、人間がつくりだしたシステムによって人間がコントロールされる構造を「疎外態（Entfremdung）」と呼んでいます（マルクス 一九六四）。

（5）親指・人差し指・中指・薬指の四本の指を使い、二本のお箸を上下に動かすという動きは、和食を合理的に食するためだけでなく、作法としての美しさをも追求したものだといえます。

（6）たとえば、これまで沈黙を強いられてきた性的被害についてSNSで告発し、世界的に広がった「#Me Too」運動が挙げられます。

（7）満員電車でぎゅうぎゅう詰めの状態をつくりだしている人々の行為の結果は、注（4）で述べた「疎外態」の形式としてたとえることができます。

■引用・参考文献

佐藤臣彦（一九九三）『身体教育を哲学する――体育哲学叙説』北樹出版
新村出編（一九九一）『広辞苑　第四版』岩波書店
中田裕一（二〇一九）「文化としての運動」近畿地区高等専門学校体育研究会編『改訂新版　保健体育概論』晃洋書房、六五～八五頁
日本体育学会監修（二〇〇六）『最新スポーツ科学辞典』平凡社
マルクス、カール（一九六四）『経済学・哲学草稿』城塚登・田中吉六訳、岩波書店

おすすめ作品紹介

本書執筆者のイチオシ！

書籍

『生きることのはじまり』（金満里 著、筑摩書房、一九九六年）／劇団「態変」を主宰する重度障碍者の著者が自らの半生を綴る本書は、人間の尊厳とは何かを問いかけ、生きたいように生きることをめざす者たちを勇気づけてくれる。

『家族写真をめぐる私たちの歴史――在日朝鮮人・被差別部落・アイヌ・沖縄・外国人女性』（ミリネ 編、皇甫康子 責任編集、御茶の水書房、二〇一六年）／ルーツや世代の異なる女性たち二四人が写真を通して語る家族の物語。私たちがどのような歴史のなかを生きているのか知ることができます。

『みんなの「わがまま」入門』（富永京子 著、左右社、二〇一九年）／毎日の生活で「これっておかしいのでは……」と感じたときに、どうすることができるのかを考えるのに参考になる本。

『セックスワーク・スタディーズ――当事者視線で考えると性と労働』（SWASH《スウォッシュ》 編、日本評論社、二〇一八年）／労働者が職種を理由に差別されたり、暴力にさらされたりすることはあってはなりません。セックスにかかわる労働者の安全、健康も当然守られるべき。

『82年生まれ、キム・ジヨン』チョ・ナムジュ 著、斉藤真理子 訳、筑摩書房、二〇一八年／女性が置かれた社会的状況の厳しさは、男性として日常を送っている人には気付きにくいかも。本書の感想を話し合うことをお勧めします♪

『なぜ人と人は支え合うのか？――「障害」から考える』（渡辺一史 著、ちくまプリマー新書（筑摩書房）、二〇一八年）／型破りな障害者・鹿野さんと出会った著者は、そもそも人が生きるとはどういうことかを考える。根源的かつ読みやすい本です。

『ふるさとって呼んでもいいですか――六歳で「移民」になった私の物語』（ナディ 著、大月書店、二〇一九年）／六歳でイランから日本にやって来た少女の笑いと涙の成長記。出稼ぎ移民の子どもも、私たちの社会の一員だとわかります。

『こども六法』（山崎聡一郎 著、伊藤ハムスター イラスト、弘文堂、二〇一九年）／自分にどんな「権利」があるのかを学んで、人権が侵害されたときや、理不尽な目に遭ったときに役立てることができる実用書！

テレビ

ねほりんぱほりん（NHK・Eテレ、二〇一六年〜）／水曜深夜に放送されている人形劇トーク番組。タブーを喋る〝訳あり〟ゲストのブタたちと、本音を掘り出すモグラの人形が、社会の光と闇を描き出す。書籍もあり（『ねほりんぱほりん――ニンゲンだもの』（マガジンハウス、二〇一七年）。

映画

『おいしい家族』（ふくだももこ監督、二〇一九年）／性別も血縁も国籍も超えた、あたらしい家族の誕生を描いたヒューマンドラマ。集英社から単行本も出ています。

『ヘドウィグ・アンド・アングリーインチ』（ジョン・キャメロン・ミッチェル監督、二〇〇一年）／LGBTについての上品で小難しい啓発映画……ではない、ロックとミュージカル。考えるのではなく、感じるのだ！

『わたしは、ダニエル・ブレイク』（ケン・ローチ監督、二〇一六年）／貧しさのなか、助け合い生きていくダニエルとシングルマザーのケイティ親子。貧困と格差社会にあって、尊厳を持って生きることを問う。

『一〇〇億人――私たちは何を食べるのか？』（ヴァレンティン・トゥルン監督、二〇一五年）／地球の人口が百億人になったとき、私たちの食料は大丈夫？　映画では相反する二つの解決策が示されるが、貴方ならどちらを選ぶ？

おわりに

本書を通じて、みなさんはどんな出会いを経験しましたか。なじみのない話題に初めて接することもあれば、自分の置かれた状況と執筆者の話を重ね合わせることもあったと思います。読後、さまざまな思いが交錯しているかもしれません。

日常のなかにある理不尽な事象に「気づき」、そして理不尽ではない普遍的な社会の土台を「築く」ための方法や視点は、無数に存在します。本書の執筆者たちもまた、それぞれのスタイルで、「ふらっとライフ」を送っていることが具体的に伝わったのではないでしょうか。

本書は、大阪府立大学工業高等専門学校の人権教育「ふらっと高専」と連動していることもあり、学生担当副校長の中田裕一先生および人権教育推進委員の鯵坂誠之先生をはじめとする先生方には、「ふらっとライフ」のコンセプトや本書の構成等について、大変粘り強く議論していただきました。学外の各執筆者にも本書のコンセプトを理解していただき、ふらっと教育パートナーズのメンバーとして共に対話を重ね、貴重な経験や考えをあれこれ悩みながら綴っていただきました。本書の作成に関わってくださったすべての方々に、心から感謝をお伝えしたいと思います。

また、本書が出来上がるまでの過程で、北樹出版の椎名寛子さんには、並々ならぬご尽力をいただきました。編者・執筆者とともに日夜伴走してくださった椎名さんの存在なしに、本書が完成することはありませんでした。この場を借りて、深く御礼申し上げます。

ここでの出会いや学びが、読者のみなさんの今後の人生や社会づくりに活かされることがあれば、編者としてこれ以上の喜びはありません。

二〇二〇年一月

編者を代表して　伏見　裕子

執筆者紹介

伏見 裕子 序章・コラム八→奥付参照

古川 恵美（ふるかわ えみ）第一章
兵庫県立大学看護学部教授。養護教諭（保健室の先生）をめざす大学生や、学校保健関連の研究をする大学院生への指導をしています。今、関心のあることは、「いろいろな家族」と関わることです。みんなが楽しく過ごせるように。

川﨑 那恵（かわさき ともえ）第二章
一九八三年大阪市に生まれ、現在は京都市在住。大学の職員として働きつつ、ライフワークとして部落問題を考えている。最近の関心事は戸籍制度と天皇制について。一児の母。モットーは、「寝た子を起こして、仲良くごはん」。

土田 陽子（つちだ ようこ）第三章
帝塚山学院大学教授。博士（人間・環境学）。専門は教育社会学。主著は『公立高等女学校にみるジェンダー秩序と階層構造――学校・生徒・メディアのダイナミズム』（ミネルヴァ書房、二〇一四年）。大学では教員養成に係わる科目を担当しています。

藤根 雅之（ふじね まさゆき）第四章
関東学院大学社会学部准教授。オルタナティブ教育、教育社会学、社会運動論が専門。「多様性を認めない多様性を認めるか」とか「他者を尊重しない他者を尊重するか」とかを考えて日々頭を抱えています。

仲岡 しゅん（なかおか しゅん）第五章
弁護士（うるわ総合法律事務所）。この社会には性や民族、社会的身分や障碍など、様々な差別問題や人権問題がありますが、何か一つだけを学ぶのではなく、相互の関連性を踏まえながら考えることが大事だと思っています。

中山 良子（なかやま よしこ）第六章
「こんなに不十分な性教育がちっとも改善されないのはなぜ?」という疑問からスタートし、セクシュアリティ研究、青少年の管理をめぐる歴史研究をやってます。大阪公立大学工業高等専門学校（非常勤講師）他。

住田 一郎（すみだ いちろう）第七章
「土方殺すにゃ刃物はいらぬ、雨の三日も降ればよい」日雇労働者の厳しい現実に触れることで、私の日本社会を捉える視点が変わりました。最も恵まれない現場に目を向け考えること、そのことが重要です。

松波 めぐみ（まつなみ めぐみ）第八章
私は企業に就職してから、いろんな出会いがあって大学に戻り、人権教育と障害学を学びました。障害のある人をはじめ、マイノリティである友人と対等に生きていける社会をつくるには?というのが生涯のテーマです。

片田 孫 朝日（かただ そん あさひ）第九章
灘中学校・高等学校の公民科教諭。神戸定住外国人支援センター理事。共著『多文化共生のためのシティズンシップ教育実践ハンドブック』（明石書店、二〇二〇年）。単著『男子の権力』（京都大学学術出版会、二〇一四年）。

春日 匠（かすが しょう）第一〇章
一般社団法人カセイケン理事、大学非常勤講師等。世界各地の社会運動の調査をしながら、持続可能な社会のための民主制について考えている。共著書に『平和研究入門』（木戸衛一編、大阪大学出版会、二〇一四年）など。

中田 裕一（なかた ゆういち）終章
大阪公立大学工業高等専門学校一般科目系（体育）教授。運動を哲学的および運動学的な視点からとらえた授業を展開している。学内においては人権教育推進室を立ち上げ、組織的な取り組みを推進している。

鯵坂 誠之（あじさか しげゆき）コラム一
大阪公立大学工業高等専門学校都市環境コース准教授。建築計画・環境行動学を専門とし、ユニバーサルデザインに基づく高齢者や障がい者の見守りやすい空間整備が研究テーマ。趣味は将棋で、好きな言葉は「一攫千金、一歩厳禁」。

鎌倉 義雄（かまくら よしお）コラム二
一九六四年大阪府生まれ。二〇〇三年株式会社オールケアライフを設立、重症心身障がい児者・医療的ケアの必要な方の福祉に携わり、仕事を通じて心を豊かにすることを目指し、常に学習を行い人格の向上に努めている。

橋爪 裕（はしづめ ひろし）コラム三
大阪公立大学工業高等専門学校一般科目系（体育）教授。公益財団法人日本バレーボール協会指導普及委員会・発掘育成委員会主事。日本オリンピック委員会強化マネージメントスタッフ。著書に『コーチングバレーボール』（大修館書店、二〇一七年）等。

東 優子（ひがし ゆうこ）コラム四
大阪公立大学教育福祉学類教授。ジェンダー研究・性科学を専門とし、「多様性とインクルージョン」「性の健康と権利」「自律と身体のインテグリティ」などをキーワードに研究を展開中。

楢崎 亮（ならさき りょう）コラム五
大阪公立大学工業高等専門学校一般科目系（数学）准教授。専門は有限群のモジュラー表現論。趣味はドラム演奏で、学内の教職員バンド「紀元前一世紀」のリーダーを務める。

高橋 舞（たかはし まい）コラム六
大阪公立大学工業高等専門学校保健室に勤務している養護教諭。「高等教育機関の養護教諭」というのはあまり前例がなく、未知の出来事が数多くありますが、先輩教職員の背中を使って日々奮闘中です。

金田 忠裕（かねだ ただひろ）コラム七
大阪公立大学工業高等専門学校エレクトロニクスコース教授。福祉用具、ロボットが研究テーマです。ＬＥＧＯブロック・鉄道模型・阪神タイガースが大好きです。高専ロボコンに携わって三〇年近くになります。

宮崎 紗織（みやざき さおり）コラム九
南オーストラリア大学大学院国際学修士。アルバータ大学法学部研究留学。大阪大学大学院国際公共政策研究科博士後期課程単位修得退学。先住民族の自決権と文化享有権に関して研究中。

木村 尚子（きむら なおこ）コラム一〇
広島市立大学客員研究員。近現代の日本研究、とくに歴史、ジェンダー研究を専門としています。主著『出産と生殖をめぐる攻防――産婆・助産婦団体と産科医の一〇〇年』（大月書店、二〇一三年）

編者代表

伏見　裕子（ふしみ　ゆうこ）

1983年生まれ。大阪公立大学工業高等専門学校総合工学システム学科一般科目系（社会）准教授、大阪大学大学院医学系研究科招へい教員。京都大学大学院人間・環境学研究科博士後期課程研究指導認定退学。博士（人間・環境学）、専門社会調査士。出産をめぐる民俗と人権問題について、フィールドワークを中心とした研究を展開。学内では、人権教育「ふらっと高専」のコーディネートを担当。「ふらっと教育パートナーズ」代表。主著に『近代日本における出産と産屋――香川県伊吹島の出部屋の存続と閉鎖』（勁草書房、2016年）（第37回日本民俗学会研究奨励賞受賞）。

ふらっとライフ

それぞれの「日常」からみえる社会

2020年3月31日　初版第1刷発行
2022年4月1日　　　第2刷発行

編　者　ふらっと教育パートナーズ
（代表 伏見裕子）

発行者　木村　慎也

定価はカバーに表示　印刷／製本　モリモト印刷株式会社

発行所　株式会社　北樹出版

〒153-0061　東京都目黒区中目黒1-2-6

URL：http://www.hokuju.jp

電話(03)3715-1525(代表)　FAX(03)5720-1488

ISBN 978-4-7793-0627-3　